용어 해설

앱솔루트 Absolute : 식물에서 추출한 고농축 물질.

어코드 Accord : 여러 원료를 조합해 고유의 향을 만드는 기법으로 각각의 향을 단순히 합한 것 그 이상의 빼어난 조화를 만드는 과정.

앙브레 Ambrée : 묵직한 베이스 노트와 풍부한 향신료 향, 우디한 향 혹은 수지 향이 특징인 향 계열. 원래는 '오리엔탈' 향이라는 용어를 사용했으나 해당 표현이 적절하지 않다는 인식이 확산하며 새로운 명칭인 앙브레로 변경되었다.

동물성 향 Animalic : 머스크 같은 동물성 원료 향을 가리키는 표현.

베이스 노트 Base notes : 향수의 기초를 이루는 노트로 가장 오랫동안 지속된다.

시프레 Chypré : 고전적인 향 조합에서 영감을 받은 향 계열로 시트러스 탑 노트(주로 베르가못), 플로랄 하트 노트, 오크모스, 랍다넘, 파촐리 등의 흙 내음 베이스 노트를 사용하는 것이 특징이다.

콘크리트 Concrete : 신선한 식물에서 용매 추출법으로 얻은 왁스 형태의 반고체 덩어리로 주로 앱솔루트를 만드는 데 사용된다.

드라이 다운 Dry down : 탑 노트와 하트 노트가 사라진 후, 가장 오래 지속되는 베이스 노트만 남아 있는 상태를 말한다.

푸제르 Fougère : 녹색 식물 향 계열로 이끼 향, 나무 향 및 양치류 향에서 영감을 받은 향이다. 대체로 남성적인 향으로 구분한다.

분별 증류 Fractional distillation : 끓는점 차이를 이용해 액체 혼합물을 반복적으로 증류하고 응축해 천연 원료에서 특정 성분만 추출하는 기법.

구어망드 Gourmand : 초콜릿, 꿀, 커피 등 식용 향조가 특징인 향기.

하트 노트 Heart notes : 적당한 증발 속도를 지니며 향수의 핵심 특성을 만드는 향.

모노테르페노이드 Monoterpenoids : 주로 10개의 탄소 원자로 구성된 천연 화합물.

침묵의 꽃 Mute : 앱솔루트를 충분히 추출할 수 없거나 아예 향 자체를 추출할 수 없는 꽃을 의미한다. 이런 꽃을 침묵의 꽃이라 부르는데 여기에는 은방울꽃, 제비꽃, 작약 등이 있으며 이들 꽃 향은 합성 향료로 대체한다.

천연동일향료 Nature identical : 천연 성분과 동일한 화학 구조를 가진 합성 향료.

올레오 검 수지 Oleo-gum-resin : 기름^{Oleo}, 검질^{Gum}, 수지^{Resin}가 들어간 식물성 추출물이다. 점성이 높으며 물이나 알코올에 부분적으로 녹기도 한다.

조향사의 작업실 Perfumer's organ : 조향사가 향료를 보관하고 배합하는 작업 공간.

세스퀴테르페노이드 Sesquiterpenoids : 주로 15개의 탄소 원자로 구성된 천연 화합물 계열의 향. 휘발성이 낮아 향이 오래 지속된다.

단일 꽃 향 Soliflore : 한 가지 꽃의 향을 강조하는 향으로 여러 향이 섞여 있어도 한 가지 꽃 향이 가장 두드러진다.

용매 추출법 Solvent extraction : 향을 추출하기 위해 재료를 용매에 담가 향 성분을 녹여내는 방법.

탑 노트 Top notes : 향수의 첫인상에 해당하는 향으로, 가장 먼저 느껴지며 가장 빠르게 증발한다.

프레그런스, 자연의 향기

FRAGRANCE

조시 카터 & 사무엘 기어링 글 | 박여진 번역

목차

용어 해설	2
들어가며	6

시트러스 CITRUS — 10
- 시트러스 과일 CITRUS FRUITS — 12
- 레몬 LEMON — 14
- 베르가못 BERGAMOT — 16
- 오렌지 ORANGE — 18
- 유자 YUZU — 20
- 만다린 MANDARIN — 22

색깔 있는 꽃들 COLOURED FLOWERS — 24
- 아카시아 ACACIA — 26
- 아마릴리스 AMARYLLIS — 27
- 카네이션 CARNATION — 28
- 챔파카 CHAMPACA — 30
- 양귀비 POPPY — 32
- 흰붓꽃 뿌리 ORRIS ROOT — 34
- 벚꽃 CHERRY BLOSSOM — 35
- 코스모스 COSMOS — 36
- 스위트 피 SWEET PEA — 38
- 프리지아 FREESIA — 40
- 제라늄 GERANIUM — 42
- 헬리오트로프 HELIOTROPE — 44
- 라일락 LILAC — 46
- 미모사 MIMOSA — 48
- 수선화 NARCISSUS — 50
- 목서 OSMANTHUS — 52
- 제비꽃 VIOLET — 54
- 작약 PEONY — 56

장미 ROSES — 58
- 장미에 관한 서문 AN INTRODUCTION TO THE ROSE — 60
- 불가리아 장미 BULGARIAN ROSE — 64
- 터키 장미 TURKISH ROSE — 65
- 타이프 장미 TAIF ROSE — 66
- 로즈 드 메 ROSE DE MAI / 센티폴리아 장미 CENTIFOLIA ROSE — 67

흰 꽃들 WHITE FLOWERS — 68
- 삼박 재스민 SAMBAC JASMINE — 70
- 그란디플로럼 재스민 GRANDIFLORUM JASMINE — 72
- 네롤리 NEROLI — 74
- 은방울꽃 LILY OF THE VALLEY — 76
- 튜버로즈 TUBEROSE — 78
- 치자나무 GARDENIA — 79
- 독말풀 DATURA — 80
- 프랑지파니 FRANGIPANI — 82
- 일랑일랑 YLANG-YLANG — 84
- 인동 HONEYSUCKLE — 86

과일 FRUIT — 88
- 루바브 RHUBARB — 90
- 블랙커런트 BLACKCURRANT — 91
- 복숭아 PEACH — 92
- 살구 APRICOT — 94
- 체리 CHERRY — 96
- 라즈베리 RASPBERRY — 97
- 리치 LYCHEE — 98
- 서양배 PEAR — 100
- 사과 APPLE — 102

무화과 FIGS	104	
코코넛 COCONUT	106	
리트세아(메이창) LITSEA	107	

향신료 SPICES	154
암브레트 AMBRETTE	156
통카 빈 TONKA BEAN	158
시나몬 CINNAMON	159
메이스 MACE	160
샤프론 SAFFRON	162
주니퍼 JUNIPER	164
펜넬 FENNEL	166
핑크 페퍼 PINK PEPPER	168
당근 씨앗 CARROT SEEDS	169
캐러웨이 CARAWAY	170
카다멈 CARDAMOM	172
생강 GINGER	174
쿠민 CUMIN	175
정향 CLOVE	176
바닐라 VANILLA	178

풀 GRASSES	108
베티버 VETIVER	110
레몬그라스 LEMONGRASS	112

허브 HERBS	114
안젤리카 ANGELICA	116
파촐리 PATCHOULI	118
민트 MINT	120
바질 BASIL	122
웜우드 WORMWOOD	124
다바나 DAVANA	126
토마토 잎 TOMATO LEAVES	127
담배 TOBACCO	128
고수 CORIANDER	130
로즈메리 ROSEMARY	132
라벤더 LAVENDER	134
레몬밤 LEMON BALM	136
클라리 세이지 CLARY SAGE	137
대마초 CANNABIS	138
사이프리올 CYPRIOL	140
타임 THYME	141

나무 WOODS	180
아미리스 AMYRIS	182
사이프러스 CYPRESS	184
샌달우드 SANDALWOOD	185
아가우드(침향) AGARWOOD	186
유칼립투스 EUCALYPTUS	188
세쿼이아 SEQUOIA	190
시더우드 CEDAR	192
소나무 PINE	194
구아이악(팔로산토) GUAIAC	196
자작나무 BIRCH	197

식물의 수지 RESINS	142
오포포낙스 OPOPONAX	144
벤조인 BENZOIN	145
갈바넘 GALBANUM	146
미르 MYRRH	148
스타이락스 STYRAX	149
프랑킨센스 FRANKINCENSE	150
랍다넘 LABDANUM	152

기타 MISCELLANEOUS	198
오크모스 OAKMOSS	200
색인	202
자료 출처	207

들어가며

이 책을 집필하면서 친구들과 가족들에게 '소통'이라는 단어에 대해 생각해보자고 했더니, 말이나 몸짓, 표정 혹은 색이나 형태 같은 시각적 매체 등 인간 고유의 소통 방식을 가장 먼저 언급했다. 그런데 대화를 나눌수록 우리는 우리의 소통이 실제로는 훨씬 더 단순한 개념이라는 결론에 도달했다. 사전에 따르면 소통은 '무언가 전달하고, 교환하고, 전파하는 과정'이다.

어느 여름날 저녁, 나방 한 마리가 정원을 날아다닌다. 형형색색의 꽃과 풀이 있는 정원을 날아다니는 나방에게 인동덩굴의 달콤한 향이 유혹하듯 퍼진다. 이런 매혹적인 관계에서 일어나는 소통을 살펴보면, 낮에는 벌과 나비가 인동덩굴의 꿀을 즐거이 먹지만, 밤엔 이 식물의 매개자는 야행성 곤충인 나방이다. 나방은 긴 주둥이를 꽃 속으로 곧장 넣을 수 있기 때문이다. 저녁이 되면 인동덩굴은 나방의 관심을 사려고 최대한 소란스레 향을 퍼트린다.

자연의 세계에는 이런 사례가 무수히 많다. 식물에게는 향기가 곧 언어다. 식물에게 향기는 단순한 아름다움 그 이상이다. 식물에게 향은 메시지를 전달하고 유대감을 형성하며 생존을 가능케 하는 수단이다.

이러한 원초적 기능이 인간에게도 있다. 인간의 후각은 음식을 구분하고 위험을 감지하며 짝을 찾는 용도로도 이용된다. 인간에게는 저마다 마치 지문과도 같은 고유의 체취가 있으며 이 체취는 인간관계에서 중요한 역할을 한다.

하지만 인간에게 뛰어난 후각 능력이 있다 하더라도 그 감각은 대부분 무의식중에 발휘된다. 평생토록 좋은 관계를 유지하며 살아온 부부라도 그들의 좋은 관계가 후각 궁합 덕택이었다고 말하는 사람은 거의 없다. 그런 맥락에서 인간과 전혀 다른 종에서 풍기는 향이 어떻게 인간에게 깊은 감정을 불러일으키는지를 설명할 방법은 없다. 그런데 분명한 점은 적절히 조합된 특정 향이 어떤 기억을 떠올리게 하고, 호기심을 자극하고, 감정까지도 변화시킨다는 사실이다.

인류는 태곳적부터 향을 신성시했다. 여러 문화권에서 향을 신성하게 여겼으며 단순한 냄새를 넘어 인간을 치유하고 진정시키며, 아름다움을 더하고, 유대감을 긴밀하게 하는 귀한 것으로 여겼다. 향에 대한 인류의 집요한 애착은 수천 년에 걸쳐 향을 얻어내고자 하는 욕구로 이어졌다. 하지만 자연에서 향을 얻는 과정은 대단히 복잡하다. 식물을 재배하고, 수확하고, 특정 성분을 추출하고, 향을 가공하는 과정은 상당한 인내를 요구하는 기나긴 과정이자 어려운 여정이다.

그래서 과거에는 부유층만 향을 누릴 수 있었지만 오늘날에는 향에 관한 방대한 지식을 공유하고, 국제적으로 인프라가 갖춰지고, 기술이 고도로 발전하면서 가장 희귀한 향, 가장 노동 집약적인 향도 원하기만 하면 누구든 즉시 누릴 수 있게 되었다.

오늘날 향은 더 이상 인내를 필요로 하는 예술이 아닌 것처럼 보일지도 모른다. 인공지능 시대가 열리면서 굳이 인간이 개입하지 않아도 기존에 없었던 새롭고 놀라운 향의 조합을 인공지능으로 만들어낼 수 있기 때문에 어쩌면 향은 아예 예술이 아니라고 생각할지도 모른다. 그럼에도 불구하고, 조향의 근본은 변치않는다는 사실은 역설적이지만 아름답기까지 하다. 붓꽃이 만들어지기까지 긴 세월이 걸리고, 아름다운 장미는 새벽에 사람 손으로 선택된다는 사실이 말이다.

향기로운 나무들은 아주 느리게 자라서 그 나무를 심은 사람의 후손에 이르기까지 나무를 관리하고 보살펴야 하는 경우가 허다하다.

인류가 디지털 시대의 눈부신 빛 속으로 정신없이 빨려 들어가고 있다고 하지만, 조향의 예술은 자연의 언어로 써내려가는 몇 안 되는 기술 중 하나이다.

이 책에서 우리는 전 세계 조향사들이 연구하고 사용하는 100가지의 향 원료를 살펴보려 하는데, 각 원료마다 우리에게 건네는 고유의 메시지가 있다. 사실 이들 원료 하나하나가 각각의 주제로 써내려가 한 권의 책으로 만들 수 있을 만큼 그 메시지가 방대하고 풍성하다. 물론 이 책이 모든 향을 총망라한 것은 아니다. 이 책은 우리가 살아가는 이 세상에 대한 인식을 바꿀 힘을 지니고 있는 미묘한 예술에 보내는 찬사이다. 무엇보다도 자연에는 고유의 울림이 있다는 인류의 오래된 믿음에 보내는 헌사이다.

'향'이라는 보이지 않는 그 무엇이 추상적으로만 표현된다면 오히려 머릿속으로 향을 상상하는 데 제약이 있을 것 같지만, 식물이 향수가 되기까지의 여정, 식물이 지닌 고유의 향과 향수에서의 역할, 향의 분위기를 자세히 설명한 이 책은 우리의 삶을 더욱 향기롭게 해줄 것이다.

시트러스
CITRUS

시트러스 과일 CITRUS FRUITS

귤나무속 Citrus spp. — 운향과 Rutaceae

운향과에 속하는 감귤류는 계통이 매우 복잡하다.
이 식물은 히말라야부터 동쪽으로는 중국, 남쪽으로는 인도네시아의
여러 섬, 북쪽으로는 호주까지 드넓게 분포해 있다. 그렇지만
자연적 감귤류 종수는 정확히 밝혀지지 않고 있다.

종류를 정확히 파악하지 못하는 이유는 감귤나무들이 쉽게 교잡되는 경향이 있기 때문이다. 실제로 오늘날 경제적 가치가 큰 감귤류 대부분은 복잡한 교잡 과정을 거친 후 수 세기에 걸쳐 선택적으로 육종한 결과물이다.

오늘날 널리 재배되는 감귤류에는 레몬, 라임, 오렌지(스위트 오렌지, 세빌 오렌지, 블러드 오렌지), 자몽, 클레멘타인, 감귤, 베르가못(얼그레이 차의 독특한 향을 내는 원료), 유자(만다린의 교잡종으로 주로 껍질에서 오일을 추출하기 위해 재배된다), 만다린 등이 있다. 이 중 교잡되지 않은 유일한 종은 만다린으로 알려져 있다. 감귤류의 기원으로 알려진 종은 만다린$^{C.\ reticulata}$, 폼멜로$^{C.\ maxima}$, 시트론$^{C.\ medica}$으로, 이 세 종이 교배되면서 우리가 익숙하게 먹는 다양한 감귤류 과일들이 탄생했다.

그런데 오늘날 우리가 먹는 감귤류는 조상 격에 해당하는 종과 비교하면 상당히 다르다. 예컨대 요즘 감귤류는 쉽게 깔 수 있도록 껍질이 얇아지고, 과즙이 풍부해지고, 당도가 높아졌으며, 에센셜 오일 향이 더욱 풍부해졌고, 씨는 적어졌고, 병충해 저항력이나 더 많은 결실량 등 재배 효율성이 좋아졌다.

감귤나무는 대체로 따뜻한 기후를 선호하며 서리에 취약하다. 과거에는 대저택에서 감귤류를 재배하기 위해 오랑주리^{orangery}라 불리는 전용 온실을 만들어 재배하곤 했는데 이 건축물은 단순히 식량 재배 시설이 아니라 부의 상징이

기도 했다. 대부분 감귤류의 과즙은 산성을 띠며 당 함량에 따라 신맛의 정도가 달라진다. 감귤류의 신맛을 결정하는 주요 성분은 구연산으로 레몬즙에서 최초로 발견되어 감귤을 의미하는 시트릭^{citric}의 이름을 따 시트릭 에시드$^{citric\ acid}$라고 부르게 되었다. 구연산은 냄비 바닥의 갈색 얼룩을 제거하고, 식재료의 특정 성분을 용해하거나 응고시키는 기능이 있어서 주방에서도 유용하게 사용한다.

또한, 감귤류는 비타민 C의 주요 공급원이다. 비타민 C를 의미하는 아스코르브산$^{ascorbic\ acid}$도 어원을 보면 비타민 C 결핍증인 괴혈병을 예방한다는 의미가 담겨 있다.

수백 년 전부터 뱃사람들은 긴 항해 생활에 생기기 쉬운 괴혈병을 막는 데 감귤류가 탁월하다는 사실을 잘 알고 있었다. 영국 해군은 괴혈병을 예방하기 위해 선원과 군인들에게 라임 주스를 제공했는데 영국 선원 혹은 영국인이 '라이미^{limey}'로 불리게 된 것도 여기서 유래했다.

대부분 감귤류의 껍질에는 휘발성이 높은 오일이 풍부하게 함유되어 있어서 그저 껍질을 비틀거나 손으로 눌러 짜기만 해도 오일이 나온다. 감귤류 오일의 주성분인 리모넨^{limonene}은 감귤류 특유의 상큼한 향을 내는 핵심 물질이다.

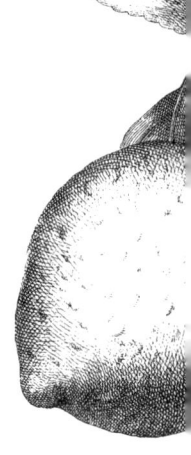

레몬 LEMON

시트러스 x 리몬 *Citrus x limon*

중세 사람들은 향수에 치유 능력이 있다고 믿었다. 위생 상태가 좋지 않고 악취가 만연했던 시대이다 보니 향기로운 액체는 단순히 귀한 것을 넘어 기적을 일으키는 존재로 통했다.

현대의 향수 형태를 갖춘, 즉 알코올을 기반으로 한 가장 초기의 향수는 헝가리 워터(Hungary Water)다. 헝가리 워터 역시 당시에는 기적의 만병통치약으로 여겨졌다. 헝가리 워터는 원래 로즈마리 액을 주성분으로 하는 퀸 오브 헝가리 워터가 발전한 형태로 로즈마리 액에 레몬 같은 시트러스 향을 더한 것이다.

시트러스 향이 특징인 헝가리 워터는 오늘날 '오 드 코롱(Eau de Cologne)'이라 부르는 향수의 전신이 되었고, 오 드 코롱은 이런 향을 구분하는 명칭으로 사용되기 시작했다.

오늘날 레몬의 연간 생산량은 약 1,000만 톤에 달한다. 향수 제조에 사용되는 레몬 부위는 주로 껍질이다. 향수에 사용되는 레몬은 '냉압착'이라고 하는 방식으로 추출되는데 손이나 기계로 껍질을 짜 레몬 특유의 가볍고 상큼한 향의 에센셜 오일을 얻는다.

레몬 오일은 레몬 껍질 향과 매우 비슷하며, 달콤하면서도 새콤한 향이 특징이다. 탑 노트로 사용되면 생동감 넘치고 톡 쏘는 듯한 느낌을 준다. 지속력은 짧지만, 다른 향과 섞이면 레몬 특유의 향이 또렷하게 두드러진다.

니끼 【뮐헨스 *Muelhens*】
레플리카 언더 더 레몬 트리 *Replica Under the Lemon Trees* 【메종 마르지엘라 *Maison Margiela*】
레트로그 아쿠아 *L'Etrog Acqua* 【아르퀴스테 *Arquiste*】

베르가못 BERGAMOT

시트러스 베르가미아 *Citrus bergamia*

이탈리아 칼라브리아 지역의 베르가못 농부들은 그들이 헌신적으로
키우는 베르가못 나무처럼 강인하다.

베르가못 에센셜 오일은 향수에 가장 흔히 사용되는 재료다. 베르가못은 주로 이탈리아 칼라브리아에서 생산되는데, 이곳에서 가족 단위로 농장을 운영하는 농부들은 가난, 대지진 같은 모진 역경을 견디며 전통과 생계를 지켜 나갔다.

베르가못이 향수에 사용되었다고 알려진 최초의 기록은 1686년, 시칠리아 출신의 프란시스 프로코피우스 Francis Procopius가 프랑스에 '베르가못 액'을 소개한 문헌에 남아있다. 이후 1709년, 독일로 이민 온 이탈리아 출신의 조반니 마리아 파리나 Giovanni Maria Farina가 자신이 사는 도시, 쾰른 Cologne의 이름을 딴 '오 드 코롱 Eau de Cologne'을 상품화하면서 향수 업계에 베르가못이 본격적으로 자리매김했다. 오늘날 향수 시장에서 판매되는 향수 절반 이상에 베르가못이 함유된 것으로 추정된다.

얼그레이 차를 좋아한다면 베르가못 향이 익숙할 것이다. 기본적으로 베르가못을 넣어 풍미를 더하기 때문이다. 베르가못은 레몬이나 오렌지와 비슷하지만, 보다 섬세하고 복잡한 향이다.

주로 탑 노트로 사용되며 열매의 껍질을 냉압착해 에센셜 오일을 추출한다. 향수의 핵심 원료로 사용되기도 하며 상쾌한 느낌을 선사한다. 향수를 처음 뿌렸을 때 풍기는 알코올 냄새를 감추는 용도로 사용되기도 한다.

베르가못 향을 담은 향수들

오 다드리앙 *Eau d'Hadrien* 【아닉 구딸 Annick Goutal】
오렌지 크러쉬 *Orange Crush* 【푸가지 Fugazzi】
베르가또 *Bergamotto* 【라보라토리오 올파티보 Laboratorio Olfattivo】

오렌지 ORANGE

시트러스 x 아우란티움 *Citrus x aurantium*

오렌지 껍질에서 추출한 천연 오일은
두 가지 향으로 분류된다. 달콤한 향과 쌉싸름한 향.

쌉싸름한 향을 내는 비터 오렌지 Citrus x aurantium는 '비가라드 Bigarade'라고도 하는데, 대부분 껍질을 냉압착해 추출한다. 비터 오렌지는 품종이 다양한데 원산지에 따라 향이 미묘하게 다르다. 주로 수작업으로 오일을 추출하기 때문에 다른 오렌지 오일보다 가격도 비싸고 향도 풍부한 편이다. 특유의 쌉싸름한 향은 건조하고 섬세한 느낌을 주어 시프레 chypré나 푸제르 fougère 계열의 향과 잘 어울린다.

이에 반해 스위트 오렌지 Citrus sinensis는 갓 짜낸 과즙처럼 상큼하고 달콤한 향이다. 동남아시아가 원산지인 스위트 오렌지는 만다린과 포멜로의 교잡으로 알려져 있으며 지금은 세계에서 가장 많이 재배되는 과일나무에 속한다. 에센셜 오일은 대부분 브라질과 미국 플로리다주에서 생산되는데 이 두 곳의 스위트 오렌지 농장 면적은 14만 에이커에 달한다.

오렌지는 향 지속 시간이 짧아서 주로 탑 노트(처음 시향할 때 가장 강하게 느껴지는 향기-옮긴이)로만 사용된다. 오렌지는 뮐헨스 Muelhens 브랜드의 4711과 파리나 Farina의 오드 코롱 1709처럼 클래식한 향수의 주원료이다. 오렌지는 스트레스를 완화하고 기분을 전환해주는 치유 효과가 있는 것으로도 알려져 있다.

오랑쥬 상긴느 *Orange Sanguine* 【아틀리에 코롱 Atelier Cologne】
오렌지 크러쉬 *Orange Crush* 【푸가지 Fugazzi】
아란치아 디 카프리 *Arancia di Capri* 【아쿠아 디 파르마 Acqua di Parma】

유자 YUZU

시트러스 x 주노스 *Citrus x junos*

여느 시트러스 계열 과실류처럼 유자 에센셜 오일도 냉압착 방식으로 추출한다. 오일은 과육이 아닌 껍질에서 추출한다.

중국이 원산지인 유자는 현재 몇몇 나라에서 재배되고 있다. 특히 일본 유자가 최고로 꼽혀서 유자를 '일본 유자Japanese citron'라고 부르기도 한다. 하지만 일본 유자는 생산량이 많지 않아서 가격이 상당히 비싼 편이다. 그래서 몇몇 브랜드를 제외하면 천연 유자 오일을 직접 향수에 사용하는 경우가 드물다.

유자의 향은 매우 독특하고 복잡해서 조향사의 작업실 선반에 늘 올라 있는 재료다. 유자 향은 감귤, 레몬, 자몽 등과 같은 시트러스 계열의 과일과 비슷한데 어떻게 보면 여기에 싱그러운 풀냄새와 네롤리나 제라늄 같은 꽃 향도 품고 있다. 이런 특징 때문에 조향사는 유자를 다양한 향으로 조향한다. 유자의 또 다른 장점은 휘발성이 강한 대부분의 시트러스 계열 향과 달리 향 지속력이 뛰어나다는 점이다. 그래서 유자를 넣은 향수에서 신선한 시트러스 향을 오래도록 즐길 수 있다.

유즈 망 *Yuzu Man* 【까롱 Caron】
오 드 유즈 *Eau de Yuzu* 【니콜라 Nicolaï】
노트 드 유즈 *Note de Yuzu* 【메종 키츠네 x 힐리 Maison Kitsuné x Heeley】

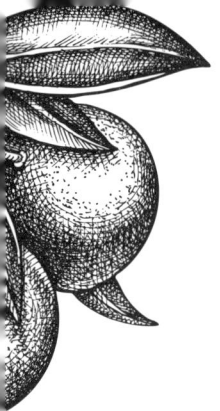

만다린 MANDARIN

시트러스 레티쿨라타 *Citrus reticulata*

햇살처럼 밝은 느낌의 개성 강한 시트러스 향을 지닌 만다린은
상큼하고 풋풋하면서도 다채롭다.

만다린은 네롤리를 닮은 은은한 꽃향기를 지니고 있으며 향수에 사용되는 시트러스 계열 향 중 가장 달콤하다. 그런데 첫 향은 달콤한 꽃 내음이 아니라 쌉싸름한 약초 향에 가깝다. 그래서 향수에서 만다린은 탑 노트나 하트 노트(탑 노트가 사라진 후 나타나는 향의 중심적인 역할을 하며 향수의 이미지와 컨셉을 대표함-옮긴이)로 아주 소량만 사용되곤 한다.

만다린 오일 역시 냉압착으로 추출된다. 에센셜 오일은 껍질에서 추출하는데 손으로 직접 오일을 짜내기도 하지만 대개는 기계로 압착해 오일을 얻는다. 만다린은 성숙도에 따라 레드, 그린, 옐로우 이렇게 세 가지 오일을 추출하는데 각각 향의 느낌은 다르다. 레드 오일은 완전히 익은 과실에서 추출하며 가장 달콤한 향인 반면 그린 오일은 덜 익은 과실에서 추출하고 새콤한 향을 풍긴다. 옐로우 오일은 세 가지 중 가장 희귀한 오일로 과실이 중간 정도 익었을 때 추출하는데 숙성한 과실의 달콤함과 덜 익은 과실의 풋풋함을 모두 지녔다.

'만다린 페티그레인' 오일도 있는데 이 오일은 나뭇잎이나 잔가지, 덜 익은 과실에서 추출한다. 짙은 녹색의 만다린 페티그레인 오일은 짙은 꽃 향이 두드러지며 꿀처럼 달콤하면서도 스모키한 향을 지녔다.

토바코 만다린 *Tobacco Mandarin* 【바이레도 Byredo】
OO닉 【봉 파르퓨메르 Bon Parfumeur】
만다리노 디 시칠리아 *Mandarino di Sicilia* 【페리스 몬테 카를로 Perris Monte Carlo】

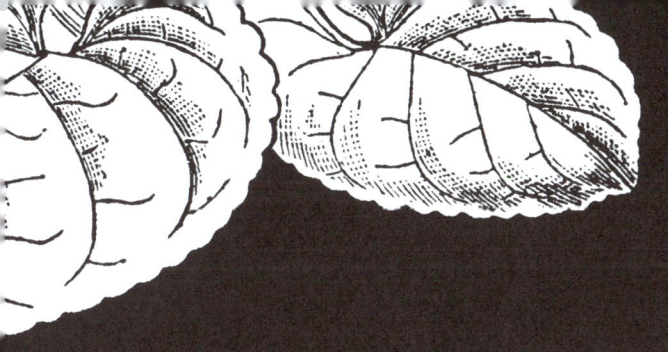

색깔 있는 꽃들
COLOURED FLOWERS

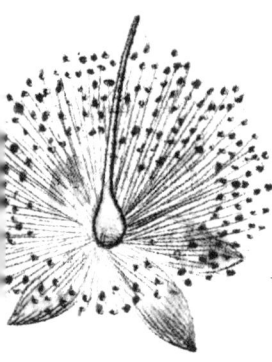

아카시아 ACACIA

바첼리아 파르네시아나 *Vachellia farnesiana* — 콩과 *Fabaceae*

향수 관점에서만 보면 이 식물은 '까시cassie'라고 부르는 편이 간단해 보인다.

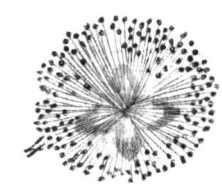

까시 오일은 아열대 지역에서 자라는 작은 나무인 바첼리아 파르네시아나*Vachellia farnesiana*의 노란색 방울 모양 꽃에서 추출한다. 이 꽃은 종종 '아카시아 딜바타'로 불리는 미모사와 혼동하기 쉽다. 식물 분류법이 바뀐 후에도 여전히 '아카시아'로 불리기 때문이다. 그런데 사실 두 꽃의 향은 매우 다르다.

미모사가 풍부하고 싱그러운 녹색 식물의 향이라고 하면 까시는 따뜻하고 파우더리한 향에 부드러운 발사믹 향이 깔려있으며 계피를 떠오르게 하는 은은한 향신료 향이 특징이다.

까시 꽃 오일은 석유 에테르를 이용해 왁스 형태의 향기로운 물질인 콘크리트를 추출한 후 알코올 처리 과정을 거쳐 까시 앱솔루트를 추출해 얻는다. 다루기 까다로운 재료로 알려져 있지만, 잘만 활용하면 아이리스, 바이올렛, 미모사 등 파우더리한 향과 근사하게 어울린다.

바첼리아 파르네시아나라는 이름은 17세기, 한 이탈리아 가문이 빌라 파르네세에서 관상용으로 재배한 데서 유래했다고 전해진다. 흥미롭게도 1947년 출시된 까롱Caron의 상징적인 향수 '파르네시아나Farnesiana'는 미모사 향이 특징인데 정작 그 이름은 까시에서 유래했다.

아카시아 식물은 여러 차례 분류 개정 과정을 거치며 분류법이 매우 복잡해졌다. 스위트 아카시아는 최근까지만 해도 아카시아 파르네시아나*Acacia farnesiana*로 불렸지만 지금은 바첼리아*Vachellia*속으로 바뀌었다. 향수에서 널리 사용되는 화합물인 파르네솔farnesol도 까시 기름에서 처음 추출했으며 그 이름 역시 아카시아 종에 따라 붙였다.

파르네시아나 *Farnesiana* 【까롱 Caron】
윈 플레르 드 까시 *Une Fleur de Cassie* 【조향사 도미니크 로피옹 Dominique Ropion의 프레데릭 말 Frédéric Malle】
아프레 롱데 *Après L'Ondée* 【겔랑 Guerlain】

아마릴리스 AMARYLLIS

아마릴리스 및 히페아스트럼 종 Amaryllis and Hippeastrum species — 수선화과 Amaryllidaceae

트럼펫 모양의 아마릴리스 꽃은
찬란한 아름다움과 강인함의 상징이다.

모든 종류의 아마릴리스가 향기를 풍기는 것은 아니지만, 대체로 아마릴리스 계열 꽃들은 달콤한 꽃 향과 만다린처럼 상큼한 과일 향을 풍긴다.

향수 업계 전체를 놓고 보면 아마릴리스가 핵심 원료라고는 할 수 없지만 그래도 아마릴리스는 창의적인 향을 추구하는 조향사들에게 영감을 주는 재료다. 아마릴리스에서 영감을 받은 향수로 가장 먼저 출시 된 것은 1922년 루빈Lubin 사에서 만든 아마릴리스Amaryllis이다. 이로부터 거의 100년 뒤, 플로리스Floris 사에서 벨벳처럼 부드러운 꽃 향을 담은 아마릴리스를 내놓았다. 다채로운 플로럴 향과 달콤한 앰버 향이 어우러진 이 향수는 심장을 찔린 젊은 요정의 피에서 피어난 아마릴리스 전설을 모티브로 했다.

주목할 만한 또 다른 향수는 독일 브랜드인 슈바르츠로즈J.F. Schwarzlose 사에서 선보인 트레프풍크 8 우어Treffpunkt 8 Uhr다. 이 향수의 이름은 '8시에 만나요'라는 뜻이다. 슈바르츠로즈 사의 클래식한 향을 현대적으로 재해석해 1920년대 베를린의 황금기를 표현했다. 향 구성은 아마릴리스를 중심으로 배치하고 클라리세이지와 망고 향을 더했다. 출시 당시에는 스포티하고 남성적인 향으로 평가받았지만, 프랑스의 무용가이자 배우인 조세핀 베이커Josephine Baker가 사용하면서 더욱 유명해졌다.

아마릴리스라는 이름은 '반짝반짝 빛난다'라는 의미의 그리스어 '아마뤼소amarysso'에서 유래했는데 트럼펫 모양의 꽃 형상을 반영한 것이다. 공식적으로 아마릴리스 종으로 인정된 품종은 두 종인데 그중 하나인 벨라돈나 릴리belladonna lily(아마릴리스 벨라돈나Amaryllis belladonna)는 '아름다운 여인'이라는 뜻이다. 또 다른 품종은 히페아스트럼Hippeastrum속에 속하는 식물들이다. 이 중 일부 종은 갈란타민이라고 하는 화합물을 함유하고 있는데, 이 화합물은 수선화과 식물인 눈물꽃snowdrops(글랜터스Galanthus 종)과 수선화 종에도 있다. 갈란타민은 알츠하이머병을 완화하는 약물로 개발되고 있다.

트레프풍크 8 우어 Treffpunkt 8 Uhr 【슈바르츠로즈 J.F. Schwarzlose】
아마릴리스 Amaryllis 【파나마 1924 Panama 1924】
포제션 POSSESSION 【윌저메인 Wilgermain】

카네이션 CARNATION

다이안서스 카리요필러스 *Dianthus caryophyllus*
— 석죽과 *Caryophyllaceae*

많은 사람들이 쉽게 꽃집이나 편의점에서
카네이션을 접할 수 있다.

이런 곳에서 구입하는 카네이션은 향기가 거의 없다 보니 이 책에서 카네이션 항목을 보고 의아하게 생각할 수도 있을 것이다. 하지만 정원에 싱그럽게 활짝 핀 카네이션은 자극적인 클로브 향을 풍긴다. 카네이션은 주로 꽃다발을 만들기 위한 절화 용도로 세계 각지에서 재배된다. 하지만 향수에 사용되는 앱솔루트 오일을 추출하는 용도의 카네이션은 대체로 유럽, 그중에서도 프랑스가 주요 생산지다.

카네이션은 꽃이 질 무렵 꽃에서 콘크리트(신선한 식물에서 용매 추출하여 얻은 왁스덩어리-옮긴이)를 추출한 뒤 이를 정제해 앱솔루트 오일을 얻는다. 그런데 콘크리트에서 얻는 오일의 양이 너무 적다 보니 비용이 상당히 많이 든다. 이런 이유로 현대 향수 산업에서는 카네이션 사용 비중이 점점 줄어드는 추세다.

카네이션은 꽃 향과 향신료 향을 풍기는데 더러는 후추 향과 비슷하다는 평가도 있다. 비슷한 향인 정향, 후추, 시나몬과 잘 어울리며 이런 향신료 계열의 향수에 사용되곤 한다. 플로럴 계열 향과 조합하면 부드러우면서도 은은한 향신료 향을 더해준다.

카네이션, 패랭이꽃, 스위트 윌리엄 Sweet William 모두 석죽과 식물이다. 석죽 Dianthus이라는 이름은 그리스어로 '천상의 꽃'을 의미한다. 원산지는 발칸 반도로 추정되지만, 지금은 세계 어디에서나 볼 수 있다. 카네이션의 색은 매우 다채로우며 꽃잎 끝이 톱니 모양인 경우가 많다. 포르투갈에서는 1974년 카네이션 혁명으로 민주화를 일구면서(독재 정권에 맞서 시민들이 총구에 카네이션 꽃을 꽂았던 혁명-옮긴이) 이 꽃이 상징성을 갖게 되었다.

다이아몬드 주빌리 부케 Diamond Jubilee Bouquet 【그로스미스 Grossmith】
쥬르 저흐 Jours Heureux 【비에네메 Bienaimé】
레르 뒤 땅 L'Air du Temps 【니나 리치 Nina Ricci】

챔파카 CHAMPACA

매그놀리아 챔파카 Magnolia champaca — 목련과 Magnoliaceae

챔파카 앱솔루트는 진한 노란색 꽃을 피우는 매그놀리아 챔파카에서 추출하며 크림처럼 부드러운 플로럴 향이다.

챔파카 향은 어떻게 보면 일랑일랑과 카네이션을 닮기도 했고, 클라리 세이지 향과도 비슷하다.

인도에서는 이 나무를 챔팍이라 부르며 신성한 나무로 여겨 사원 정원에 주로 심는다. 꽃은 아침에 수확해 대부분 향수 제조업자에게 판매하고, 남은 꽃은 시장으로 가져가 방향 및 장식용 꽃으로 판매된다.

챔파카가 향수 원료로 유명해진 것은 톰포드 Tom Ford 사에서 지금은 단종된 챔파카 앱솔루트 Champaca Absolute를 출시하면서부터다. 챔파카는 은방울꽃이나 제비꽃 같은 플로럴 계열과 잘 어울리지만, 조향사 로드리고 플로레스 루 Rodrigo Flores-Roux는 챔파카 꽃에 꼬냑와 토카이 와인의 풍미, 밤을 설탕에 절인 마롱글라세(프랑스, 이탈리아의 고급 디저트-옮긴이) 향을 덧입혀 독특한 향을 담은 챔파카 앱솔루트를 만들었다.

챔파카를 독특하게 활용한 향수는 또 있다. 영국의 향수 브랜드인 오르몬드 제인 Ormonde Jayne은 챔파카 앱솔루트 오일과 네롤리를 조합한 '챔파카 Champaca'를 선보였다. 플로럴 계열의 이 향수는 산뜻한 시트러스 향으로 시작해 우유처럼 부드러운 향인 '바스마티 라이스'(길쭉하고 향긋한 쌀 품종-옮긴이) 향으로 이어져 의외의 특징을 보여준다.

챔파카 나무는 '옐로 제이드 오키드 트리 yellow jade orchid tree'로 불리기도 하며 이전에는 미셸리아속 Michelia으로 분류했으나 현재는 360여 종을 아우르는 목련속 Magnolia으로 분류된다. 원산지는 인도와 인도네시아 제도 등 아시아다. 습도가 높은 열대 기후에서 자라기 때문에 추위에 약하고 물을 많이 주어야 한다. 간혹 목재로도 사용되지만 주로 조경용 식물이나 잘라서 사용하는 절화, 향수 제조에 사용된다. 교잡종인 매그놀리아 알바 Magnolia x alba 역시 에센셜 오일 제조에 주로 사용된다.

챔파카 Champaca 【오르몬드 제인 Ormonde Jayne】
라 두세 드 시암 La Douceur de Siam 【파퓸 두시타 Parfums Dusita】
로스트인플라워즈 Lostinflowers 【스트레인지러브 Strangelove】

양귀비 POPPY

양귀비 종 *Papaver species* — 양귀비과 *Papaveraceae*

양귀비라는 제목을 보고 의아하게 생각했을지도 모르겠다.
실제 양귀비 향은 그리 강하지 않기 때문이다.

양귀비 향이 풀잎이나 흙냄새에 가깝다고 말하는 이도 있고 스모키하다고 말하는 이도 있다. 그런데 향수의 양귀비 향은 사실 조향사가 만든 향이다. 향수에서 양귀비 노트(향수의 향이 시간의 흐름에 따라 어떻게 변화하는지 단계별로 표현하는 말-옮긴이)는 파우더리하면서도 연한 꽃 향을 의미한다. 강렬하게 주도권을 잡는 꽃 향이 아니라 은은한 분위기를 더하는 향이라고 할 수 있다.

물론 모두 그런 것은 아니다. 예를 들어 클라이브 크리스챤^{Clive Christian}의 체이싱 더 드래곤^{Chasing the Dragon}이나 뷰포트 런던^{BeauFort London}의 바이 앳 아르미^{Vi et Armis} 향수의 노트에는 '오피움'향을 느낄 수 있다. '오피움'은 향수 제조에 있어서 최면 효과를 유도하는 경향이 있다. 이들 향수에도 양귀비의 은은하고 파우더리한 꽃 향 노트가 있긴 하지만 거기에 약간의 발삼 향이 더해져 앰버 계열의 향수들과도 잘 어울린다. 한 가지 짚고 넘어갈 점이 있다면 이브 생 로랑^{Yves Saint Laurent}의 유명한 향수 '오피움^{Opium}'에는 실제 오피움이 들어 있지 않다는 사실이다. 이 향수 이름은 원료 이름이라기보다는 창의성의 산물이다.

흔히 대중에게 널리 알려진 양귀비는 두 종류가 있는데 하나는 개양귀비^{Papaver rhoeas}이고 또 하나는 아편양귀비^{Papaver somniferum}이다. 개양귀비는 밝은 빨간색이며 11월에 종이꽃으로 만들어져 전쟁 희생자를 추모하는 상징으로 사용되곤 한다.(1차 세계 대전 종전 기념일에 사용된다-옮긴이) 아편양귀비^{somniferum}는 라틴어로 '잠을 유도한다'는 의미다. 아편이나 헤로인 같은 마약 원료로도 사용되지만, 모르핀이나 코데인 등 강력한 진통제로도 활용된다. 또한, 아편양귀비의 씨앗은 제과나 제빵에도 사용되고, 기름을 추출하기도 한다.

스칼렛 포피 인텐스 *Scarlet Poppy Intense* 【조말론 Jo Malone】
아일리시 No.2 *Eilish No.2* 【빌리 아일리시 Billie Eilish】
캘리포니아 포피 *California Poppy* 【앳킨슨 Atkinsons】

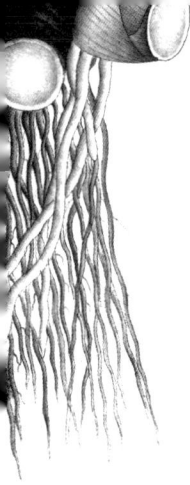

흰붓꽃 뿌리 ORRIS ROOT

아이리스 팔리다 Iris pallida — 붓꽃과 Iridaceae

예기치 못한 곳에서 가장 유명한 향 원료를 얻을 때가 있다.

수염 붓꽃을 본 이들은 그 화려한 색의 꽃이 향기의 원천이리라 생각하지만, 이 수려한 식물의 귀한 가치는 더 깊은 기저, 뿌리줄기에 있다. 수염 붓꽃의 뿌리는 가장 값비싼 향수 원료로 꼽힌다.

그런데 이상하게도 수염붓꽃의 뿌리가 신선할 때는 향이 거의 나지 않는다. 붓꽃의 뿌리줄기를 최소 3년 이상 건조하고, 분말 형태로 만든 뒤 증류하면 비로소 '오리스 버터 orris butter'라고 하는 고체 형태의 물질이 탄생한다.

오리스 버터는 조향사들이 가장 탐내는 재료 중 하나다. 버터처럼 부드러운 향과 제비붓꽃 향을 연상시키는 향긋한 꽃 내음이 어우러지는데, 거기에 은은하게 과일 향을 발산한다. 이 고급스러운 향은 흰색 꽃 향과도 잘 어울리며 샌달우드처럼 부드러운 우디 향과도 잘 어우러진다.

'오리스 버터'를 얻으려면 오랜 인내심은 물론이고 세심한 관리가 필요하다. 보관 상태가 안 좋으면 시큼한 향이 나거나 상한 냄새가 나기도 한다. 하지만 제대로만 관리하면 말 그대로 금보다 더 값진 가치를 지니게 된다.

'오리스 버터'를 더 정제하면 '오리스 오일 앱솔루트'를 얻을 수 있다. 하지만 그 양이 매우 적은 데다가 건조한 뿌리가 엄청나게 많이 필요하다. 이 오일의 핵심 성분은 '아이론$C_{14}H_{22}O$'이라고 하는 화학 물질로, 오랜 시간 지하에 저장되는 과정에서 천천히 생성된다.

셈 엘 네심 Shem-el-Nessim 【그로스미스 Grossmith】
아이리스 월페이퍼 Iris Wallpaper 【비비 Bibbi】
이리스 뿌드르 Iris Poudre 【프레드릭 말 Frédéric Malle】

벚꽃 CHERRY BLOSSOM

벚나무 종 *Prunus species* — 장미과 *Rosaceae*

교토의 봄을 수놓는 벚꽃은 일본을 상징하는 꽃이자
주요 관광 자원이다.

흐드러진 분홍빛 꽃잎들은 외관과 달리 그 향이 매우 은은하다. 약간의 풀 내음에 달콤한 꿀 향, 고소한 아마레토(아몬드 향 시럽 및 액상 향료-옮긴이) 향이 스친다. 하지만 향수에서 벚꽃 노트는 이 향이 아니다. 실제 벚꽃 향보다는 달콤하고 과일 향이 나는 노트로 벚꽃의 느낌을 재해석한 향이다.

조향사에게 벚꽃은 실제 재료라기보다는 벚꽃 스타일 내지는 분위기를 의미한다. 즉, 벚꽃 향을 구현하는 조향사의 목표는 공기처럼 가벼운 느낌과 꽃향기와 달콤함이 어우러진 향, 분홍빛 꽃잎들이 흐드러진 느낌을 묘사하는 것이다.

벚꽃 향은 여러 향을 조합해 만든다. 조향사들은 주로 장미와 재스민으로 플로럴 노트 중심에 놓는다. 거기에 달콤하면서도 상큼한 향을 내는 라즈베리나 합성 체리 향을 더한다. 마지막으로 가볍고 투명한 공기의 느낌을 주기 위해 화이트 머스크나 샌달우드, 시더우드 같은 향을 더하곤 한다. 실제 벚꽃 느낌을 더 주고 싶다면 풀잎 향의 그린 노트를 더하기도 한다. 이렇게 만들어진 벚꽃 향은 조향사의 감각과 느낌으로 재해석 된 향이기 때문에 판타지 플로럴 노트로 불리곤 한다.

벚나무 속에는 340여 종이 넘는 식물이 있는데 여기에는 자두, 복숭아, 살구, 아몬드, 체리 등도 포함된다.(96쪽 참조) 그런데 이 중 몇몇 종은 과실이 아니라 꽃을 얻으려고 재배하기도 한다. 특히 일본의 벚나무가 그렇다. 일본에서는 수백 종의 원예종이 개발되고 있으며 이 중 상당수는 오시마 벚나무*Prunus speciosa*와 산앵화*Prunus serrulata*의 교배종이다. 주로 풍성한 꽃을 위해 개량된 종인 이들 벚나무의 과실은 대체로 맛이 없다. 일부 품종의 꽃은 차로 우려 마시기도 한다.

아이 씨 더 클라우즈 고 바이 *I See the Clouds Go By* 【플로라이쿠 Floraïku】
사쿠라 *Sakura* 【디올 Dior】
체리 블러썸 *Cherry Blossom* 【플로리스 Floris】

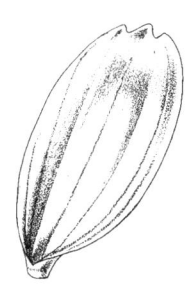
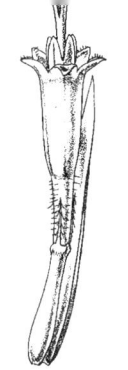

코스모스 COSMOS

코스모스 종 *Cosmos species* — 국화과 *Asteraceae*

코스모스는 정원사들이 가장 좋아하는 꽃이다.

코스모스는 기르기 쉽고, 예쁘고, 색이 다채로우며, 화단 어디에든 잘 어울린다. 품종도 다양하고 품종마다 고유의 아름다움이 있다. 하지만 코스모스 향은 그리 유명하지 않으며 향수 업계에서도 많이 사용되지는 않는 편이다.

그러나 단 하나의 품종은 예외다. 초콜릿 코스모스로 잘 알려진 코스모스 아트로상귀네우스 *Cosmos atrosanguineus*는 조향사들이 코스모스 향을 만들 때 가장 많이 찾는 품종이다. 짙은 진홍색의 이 꽃은 다른 어떤 꽃에서도 찾을 수 없는 달콤한 초콜릿 향을 풍긴다. 1968년, 로열 하와이안 퍼퓸스 Royal Hawaiian Perfumes에서 위키느 와히네 Wicked Wahine 향수에 이 초콜릿 향을 담아 코스모스 향을 선보인 적은 있지만 그 이후 2016년까지 코스모스를 주제로 한 향수는 없었다. 그러다가 클라이브 크리스찬 Clive Christian이 코스모스 이름이 들어간 향수를 선보이며 다시 주목을 받게 되었다. 풍부하고, 신선하며, 달콤한 향을 담은, 그야말로 초콜릿 코스모스의 정수를 담은 향이었다.

코스모스속에는 최소 35종의 식물이 있으며 주로 멕시코에 다양한 종이 집중되어 있다. 가장 흔히 볼 수 있는 분홍색 코스모스 *C. bipinnatus*는 전 세계 온대 지역에 널리 퍼졌으며 노란 코스모스 *C. sulphureus* 역시 분홍 코스모스와 비슷하게 분포한다. 초콜릿 코스모스의 학명인 아트로상귀네우스 atrosanguineus는 라틴어로 '피처럼 짙은 붉은색'을 의미하며 이 꽃의 색도 딱 그런 색이다. 멕시코 북동부가 원산지인 초콜릿 코스모스는 한때 야생에서 멸종되어 영양생식(무성생식이라고도 하며 암수의 수정으로 씨를 만드는 것이 아니라 영양체에서 식물을 기르는 방식-옮긴이)으로만 살아남은 품종으로 알려져 있다. 그런데 이후 야생에서 이 코스모스가 다시 발견되었다.

퀸 앤 코스모스 플라워 Queen Anne Cosmos Flower 【클라이브 크리스찬 Clive Christian】
알베도 Albédo 【조향사 스테판 피카르 Stéphane Piquart의 파퓨머 뒤 몽드 Parfumeurs du Monde】
블랙 에센셜 다크 Black Essential Dark 【에이본 Avon】

스위트 피 SWEET PEA

라티루스 오도라투스 *Lathyrus odoratus* — 콩과 *Fabaceae*

스위트 피를 거론할 때 역사 깊은 향수 업체 까롱^{Caron}에게
찬사를 보내지 않을 수 없다.

정원사들이 사랑하는 풍성한 꽃, 스위트 피의 이름을 딴 '푸아 드 상퇴르^{Pois de Senteur}'는 향수 예술의 걸작이다. 1927년 출시된 이 클래식한 향수는 우아함과 풍성함, 파우더리한 향으로 20년대의 분위기를 고스란히 담아내고 있다. 스위트 피 향을 실제로 재현한 것은 아니지만 향을 맡고 있노라면 스위트 피가 가득 핀 꽃밭에 둘러싸인 기분이 든다.

스위트 피의 실제 향은 이름만큼이나 달콤하다. 부드러운 장미 향에 약간의 오렌지 블라썸 향 그리고 은은한 히아신스 향이 언뜻 스친다. 향수에서 스위트 피 향은 여러 원료를 합성해 향을 복제하거나 다양한 꽃 원료를 조합해 구현한다. 이 향은 부드러운 느낌과 꽃 향, 이슬을 머금은 듯 촉촉한 분위기를 향수에 더해주고 약간의 머스크 향과 동물적인 분위기, 꿀처럼 달콤한 향도 더해준다.

많은 사람들이 스위트 피 꽃과 그 향기를 무척 좋아해서 자연 상태의 스위트 피 향을 구현하기 어렵다는 한계에도 불구하고 조향사들은 그 향을 만들기 위해 끊임없이 노력한다.

이탈리아 남부가 원산지인 스위트 피는 한해살이 덩굴식물이다. 주로 식용으로 재배되는 완두콩인 라티루스 올레라케우스^{Lathyrus oleraceus}(과거엔 피숨 사티붐^{Pisum sativum}으로 불렸다) 및 구황 작물로 이용되던 라티루스 사티부스^{L. sativus}의 가까운 친척뻘이다. 라티루스 사티부스는 장기간 섭취하면 '라티리즘^{Lathyrism}'이라고 하는 병을 유발한다. 스위트 피 씨앗에도 독성이 있는데, 이 독성은 라티투스 사티부스가 유발하는 것과는 다른 성분 때문이며, 씨앗을 섭취하면 β-아미노프로피오니트릴^{beta-aminopropionitrile}이라는 화합물로 인해 골격성 라티리즘^{osteolathyrism} 질환이 생길 수 있다. 스위트 피 덩굴은 약 1.8미터까지 자란다. 다양한 품종이 있으며 꽃의 색과 모양도 품종에 따라 다양하다.

푸아 드 상퇴르 *Pois de Senteur* 【까롱 Caron】
아쿠아 유니베르살리스 *Aqua Universalis* 【메종 프란시스 커정 Maison Francis Kurkdjian】
잉글리시 페어 앤 스위트 피 *English Pear & Sweet Pea* 【조말론 Jo Malone】

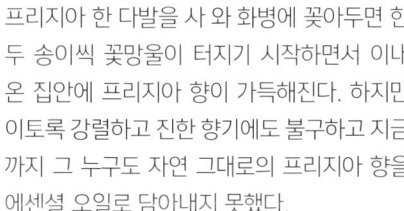

프리지아 FREESIA

프리지아 종 Freesia species — 붓꽃과 Iridaceae

마트에서 쉽게 볼 수 있는 식물 중에 프리지아만큼 달콤하고
싱그러운 꽃도 드물다.

프리지아 한 다발을 사 와 화병에 꽂아두면 한두 송이씩 꽃망울이 터지기 시작하면서 이내 온 집안에 프리지아 향이 가득해진다. 하지만 이토록 강렬하고 진한 향기에도 불구하고 지금까지 그 누구도 자연 그대로의 프리지아 향을 에센셜 오일로 담아내지 못했다.

프리지아 향을 담은 향수는 실제 프리지아 꽃향기를 담은 것이 아니라 조향사가 만든 향이다. 조향사는 먼저 장미와 재스민 등 꽃 향들을 섬세하게 조합해 중심 향을 만든다. 여기에 싱싱함과 달콤함을 더하기 위해 과일 향을 더하고, 싱그러운 녹색 풀 향과 아쿠아 노트로 실제 프리지아 꽃잎 향의 자연스러운 느낌을 덧입힌다.

프리지아 향 배합에는 리날룰linalool이라고 하는 향료가 들어간다. 리날룰은 다양한 꽃과 식물에 자연적으로 존재하는 물질인데 향료로 사용하면 스파이시한 꽃 향을 더해준다. 하지만 리날룰은 알레르기 유발 물질이어서 사용에 엄격한 제약이 따르고 소비자에게 알레르기를 유발할 수 있다는 정보를 주기 위해 제품 포장에 반드시 성분을 표기해야 한다.

프리지아는 붓꽃과에 속하는 식물로 아프리카 동부와 남부, 특히 케냐에서부터 남아프리카에 이르기까지 넓게 분포한다. 최소 16종 이상이 있는데 과거에 아노마테카Anomatheca과에 속하던 식물까지 포함하게 되면서 그 수가 더 늘었다. 아프리카가 원산지이기는 하지만 서늘한 기후에서도 잘 자라며 빼어난 향기 때문에 절화로도 인기가 높다. 다른 붓꽃과 식물과 마찬가지로 프리지아도 구근과 비슷한 형태의 알뿌리에서 자란다.

뮈스크 에 프레지아 *Musc et Freesia* 【쿠드레이 T. Coudray】
프리지아 *Fresia* 【산타 마리아 노벨라 Santa Maria Novella】
오프레지아 *Ofrésia* 【딥디크 Diptyque】

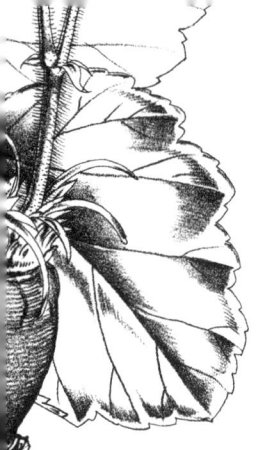

제라늄 GERANIUM

펠라고늄 종 Pelargonium species — 장미과 Rosaceae

남아프리카가 원산지인 제라늄은
꽃은 작아도 매우 중요하다.

제라늄은 품종이 매우 다양하며 장미를 연상시키는 짙은 향을 풍긴다. 품종마다 향의 결이 조금씩 다른데 장미 향부터 민트 향, 흙 향, 과일 향 등 느낌이 다양하다.

오늘날 제라늄을 가장 많이 생산하는 지역은 이집트와 중국이며 두 나라 모두 로즈제라늄 Pelargonium graveolens 잎을 증류해 엄청난 양의 에센셜 오일을 생산한다. 이들 두 나라에 제라늄 공급 업체에 종사하는 사람 수는 무려 6만 명이 넘는다.

이집트산과 중국산 제라늄 오일은 성분이 크게 다르지만, 공통적으로 '제라니올geraniol'이라고 하는 중요한 성분을 포함하고 있다. 제라니올은 꽃향기와 장미 향이 어우러진 느낌을 주며 조향사의 팔레트에서 빠지지 않는 노트다. 제라니올은 간혹 '꿀벌 향수'로도 불리는데 그 이유는 꿀벌이 제라늄 꽃에 꿀이 있다는 것을 표시하며 제라니올을 분비하기 때문이다.

제라늄에서 추출할 수 있는 오일 양은 상대적으로 적은 편이지만 향수에서 가장 많이 사용되는 원료이며 수많은 향수의 핵심 재료다. 우비강Houbigant이 출시한 푸제르 로얄Fougère Royale이나 펜할리곤스Penhaligon's의 잉글리시 펀English Fern 모두 제라늄 향이 주인공이다.

제라니올이라는 이름은 제라늄이 아니라 제라늄 그라스Cymbopogon schoenanthus에서 유래했다. 제라늄이 속한 펠라고늄 종에는 280개가 넘는 식물이 있으며 대부분 남아프리카에서 자생한다. 가장 많이 사용되는 품종은 펠라고늄 그라베올렌스P. graveolens이다. '제라늄'이라는 이름은 자주 혼란을 빚기도 한다. 여기서 말하는 제라늄은 펠라고늄속 식물을 의미하며 식물학적으로 가까운 친척인 제라늄Geranium과는 다른 식물이다.

푸제르 로얄 Fougère Royale 【우비강 Houbigant】
풀 나나 Phul-Nana 【그로스미스 Grossmith】
4pm 마티네 4pm Matinée 【사이드 스토리 Side Story】

헬리오트로프 HELIOTROPE

헬리오트로피움 종 Heliotropium species — 지치과 Boraginaceae

향수의 세계에서 헬리오트로프는 향의 변신술사다.

헬리오트로프는 공기처럼 가볍고, 파우더리하며, 달콤하고, 아몬드 혹은 바닐라 향을 지니고 있다. 이 다채로운 헬리오트로프는 어떤 원료들과 조합하느냐에 따라 감추고 있던 향을 드러내기도 한다. 헬리오트로프는 겔랑, 그로스미스 등 굵직한 향수 회사들이 오랫동안 꾸준히 사랑해온 원료다. 주로 베이스 노트를 담당하며 향을 오래 지속시키는 역할을 한다.

예전에는 앙플러라주enfleurage(식물의 향과 오일을 지방에 흡수시켜 포집하는 기술)로 헬리오트로프의 향을 추출했지만, 요즘은 대체로 용매 추출법solvent extraction을 이용한다. 어떤 면에서는 용매 추출법이 현대판 앙플뢰라주라고도 볼 수 있다. 그런데 향수 성분에 헬리오트로프가 표기되어 있다면 이는 천연 성분이 아니라 알데히드 계열의 헬리오트로핀heliotropin이라고 하는 합성 화합물일 가능성이 크다. 헬리오트로핀은 1885년 처음 발견되었으며 바닐라 같은 천연 식물에도 들어 있다. 이 성분은 다량 사용하면 인체에 해로울 수 있기 때문에 국제 향료 협회 IFRA에서 사용량에 관한 규정을 두고 규제하고 있다.

변화무쌍한 헬리오트로프를 한마디로 정의하기는 무척 어렵다. 헬리오트로프에는 달콤함이나 우디한 특성이 있지만 조향사들은 이 식물을 플로럴 계열로 구분한다.

헬리오트로프라는 이름은 하늘의 태양을 따라 움직이는 꽃의 특성에서 유래했다.(그리스어로 헬리오스hēlios는 태양을, 트레페인trepein은 방향을 바꾼다는 의미다—옮긴이) 헬리오트로프는 전 세계에 자생한다. 헬리오트로프는 렁워츠lungworts, 물망초와 함께 지치과borage family에 속하며 이 식물이 속한 헬리오트로피움 종에는 250개 이상의 식물이 있으며, 그중 정원 헬리오트로프로 불리는 페루향수초H. arborescens는 페루가 원산지로 짙은 향을 지닌 보랏빛 작은 꽃들을 다발로 피운다. 헬리오트로피움 종에 속하는 식물에는 피롤리지딘 알칼로이드pyrrolizidine alkaloids라고 하는 독성이 있는 경우가 많아서 섭취할 경우 간에 해로울 수 있다.

틴드러 Tindrer 【바루티 Baruti】
보햄 Bohème 【플라스 데 리스 Place des Lices】
라 비 앙 플뢰르 La Vie en Fleurs 【비에네메 Bienaimé】

라일락 LILAC

라일락 종 Syringa species — 물푸레나무과 Oleaceae

식물들은 특유의 향을 좀처럼 쉽게 내어주지 않는다.

다행히도, 수 세기에 걸쳐 향료 합성 기술이 발전하면서 향을 온전히 얻기 어려운 식물들의 향도 즐길 수 있게 되었다. 달콤한 향을 풍기는 라일락도 마찬가지다.

낙엽이 지는 식물인 라일락에서 용매 추출법을 사용하면 앱솔루트를 얻을 수 있지만 자연 그대로의 꽃향기를 재현하는 데는 합성 향료가 훨씬 더 사실적이라는 의견이 지배적이다. 다시 말하면, 자연 상태에서 얻은 라일락 오일은 실제로는 거의 사용되지 않는다.

어떤 면에서는 은방울꽃 향과도 비슷한 라일락은 봄처럼 싱그러운 플로럴 노트에 부드럽고 파우더리한 분위기를 지니고 있다. 대중적이고 저렴한 제품에 널리 사용된다는 이유로 라일락 향이 우아하지 않다고 말하는 이들도 있지만, 라일락이 장미나 재스민에 견줄 만큼 낭만적인 아름다움을 지니고 있으며 향을 풍부하게 해주는 힘이 있다고 말하는 이도 있다.

그런 생각을 향으로 구현한 대표적인 예가 바로 프랑스의 상징적인 향수 회사 까롱이다. 까롱이 1934년 출시한 라일락 베이스의 향수 플뢰르 드 로카이유 Fleur de Rocaille는 지금까지도 까롱 브랜드의 정체성과 전통을 상징하는 향으로 회자된다. 그런가 하면 겔랑에서 2009년 출시한 이딜 Idylle은 라일락 노트로 겔랑의 유서 깊은 전통에 경의를 표현하는 동시에 현대적 감성을 드러냈다.

라일락은 물푸레나무과에 속하며 같은 과에 물푸레나무, 쥐똥나무, 재스민, 목서속 식물들이 있다. 흔히 라일락으로 불리는 고광나무속 Syringa에는 12종 이상의 식물이 있다. 이들은 대부분 아시아에 자생하며 유럽에 자생하는 종은 두 종뿐이다. 유럽에 서식하는 종 중 하나는 멸종위기종으로 분류된 시린가 조시카 S. josikaea로 헝가리 카르파티아 산맥에 서식한다. 또 다른 하나는 발칸 반도가 원산지인 시린가 불가리스 Syringa vulgaris이다. 시린가 Syringa라는 속명은 그리스어로 피리라는 의미다. 라일락 가지가 속이 비어 있어서 고대에 피리나 팬파이프를 만들어 분 데서 유래한 이름이다. 라일락은 관목이나 작은 나무로 자라며 짙은 향을 풍기는 연보랏빛 꽃을 무성하게 피운다.

플뢰르 드 로카이유 Fleur de Rocaille 【까롱 Caron】
데자르망 Désarmant 【라 파르퓌므리 모데른 La Parfumerie Moderne】
토탈리 화이트 Totally White 【파를 무아 드 파르팡 Parle Moi de Parfum】

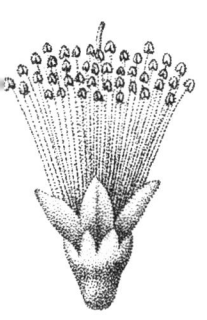

미모사 MIMOSA

아카시아 딜바타 *Acacia dealbata* — 콩과 *Fabaceae*

미모사는 19세기 유럽에 처음 소개되면서 조향사들의 관심을 끌기 시작했다.

미모사의 원산지는 호주이지만 향수의 고장인 프랑스 그라스(Grasse)에서 그리 멀지 않은 코트다쥐르(Côte d'Azur) 지역에서 큰 인기를 얻었다.

미모사의 향은 휘발성 용매 추출법을 통해 앱솔루트 오일 형태로 추출한다. 하지만 오일 향은 만개한 미모사 향과는 사뭇 다르다. 노란색 꽃뿐 아니라 잎에서도 오일을 추출하기 때문에 미모사 오일은 우리에게 친숙한 파우더리한 꽃향에 푸른 풀잎 향이 아름답게 어우러져 있다. 여기에 마른 지푸라기 향과 먼지 향 등 건조한 분위기가 은은하게 배어 있다.

미모사는 주로 중심 향으로 사용되는데 탑 노트에서도 언뜻 미모사의 풋풋한 잎사귀 향이 느껴지기도 한다.

20세기 초까지만 하더라도 한 종류 꽃 향을 강조한 단일 꽃 향수가 인기를 누렸고 미모사도 많은 사랑을 받았다. 하지만 요즘은 미모사에 재스민이나 장미 같은 플로럴 노트를 섬세하게 조합한 향이 주를 이룬다.

흥미롭게도 미모사는 모든 부분이 향수의 원료로 사용된다. 나무껍질과 뿌리는 물론 나무의 수지까지도 모두 향의 재료로 사용된다.

우리가 미모사라고 부르는 이 식물은 미모사 속이 아니라 아카시아 속에 속한다. 아카시아 속은 1,000여 종이 넘는 식물을 아우르는 대형 속으로 대부분 호주가 원산지다. 미모사는 호주 남부인 빅토리아 주와 뉴사우스웨일스 주가 원산지이지만 관상용 나무로 인기를 끌면서 전 세계로 퍼져나갔다. 매혹적인 노란색 꽃 덕분에 벅스 피즈(Buck's Fizz)(샴페인과 오렌지 주스를 혼합한 칵테일-옮긴이)와 비슷한 칵테일을 미모사 칵테일이라고 부르기도 한다.

아카시아 속 식물 분류 체계가 복잡한 탓에 어떤 종이 미모사 향료에 사용되는지를 두고 논란이 일기도 한다. 일부 제조사들은 성분 표기에 아카시아 데커렌스(A. decurrens) 등 다른 아카시아 종 이름을 표기하기도 한다.

모데스트 미모사 Modest Mimosa 【빌헬름 파퓌머리 Vilhelm Parfumerie】
파르네시아나 *Farnesiana* 【까롱 Caron】
샹젤리제 *Champs Élysées* 【겔랑 Guerlain】

수선화 NARCISSUS

수선화 종 Narcissus species — 수선화과 Amaryllidaceae

그리스 신화에 강의 신과 요정 사이에서 태어난 아름다운 청년, 나르키소스가 등장한다.

많은 이들이 나르키소스를 사랑했지만 정작 그는 누구에게도 마음을 주지 못했다. 그가 요정 에코Echo의 사랑마저 거부하자 신들은 그에게 벌을 내렸다. 그는 연못에 비친 자기 모습에 매혹되어 결국 물속으로 들어가 죽었고, 그 자리엔 꽃 한 송이가 피어났다.

그렇게 태어난 수선화는 우리가 잘 아는 수선화 종에 속한다. 나르시서스라는 이름은 마취 혹은 최면을 의미하는 단어 'narcotic'에서 유래했으며, 이름에서부터 수선화의 몽환적이고 매혹적인 향이 느껴진다. 수선화는 봄날의 꽃 같은 플로럴 노트에 진한 녹색 잎 향, 차분한 허브 향이 함께 감돈다. 이 우아한 향은 용매 추출법을 통해 얻은 앱솔루트 형태로만 존재하며 추출량이 극히 적다. 약 500킬로그램의 수선화 꽃에서 겨우 300그램 남짓한 앱솔루트만 얻을 수 있을 뿐이다. 그렇다 보니 가격도 상당히 비싸다.

수선화 앱솔루트는 진한 점성의 액체로 향이 매우 농밀하다. 일랑일랑이나 네롤리 향은 물론 스파이시 노트나 우디 노트와 잘 어울려서 주로 하트 노트로 사용된다.

나르시서스속에는 최소 75종 이상의 품종이 있으며 서유럽이 원산지인 나팔수선화N. pseudonarcissus를 포함해 모두 아마릴리스과에 속한다. 나르시서스속 식물의 잎과 구근에는 라이코린 같은 유독성 물질인 알칼로이드(식물계에 존재하는 함질소염기성화합물의 총칭–옮긴이)가 있다. 독성이 있긴 하지만 잘만 사용하면 알칼로이드는 유용한 약이 되기도 한다. 특히 일부 수선화 종에 함유된 갈란타민 성분은 알츠하이머 증상을 완화하는 약물에 사용된다.

수선화는 영국 웨일즈 지방의 정체성을 상징하는 꽃이며 시인 윌리엄 워즈워스William Wordswroth에게 영감을 준 꽃으로도 유명하다. 그러나 과도한 채집과 상업적 농업이 집약적으로 행해지면서 워즈워스가 사랑했던 들판 가득 핀 야생 수선화는 더 이상 보기 힘들어졌다.

더 리벤지 오브 레이디 블랑쉬 The Revenge of Lady Blanche 【펜할리곤스 Penhaligon's】
재스민 Jasmin 【르 갈리온 Le Galion】
리튀알레 Rituale 【멘디토로사 Mendittorosa】

목서 OSMANTHUS

목서 종 Osmanthus species — 물푸레나뭇과 Oleaceae

이 아름다운 꽃은 아시아가 원산지며 주로 중국, 일본, 말레이시아에서 재배된다.

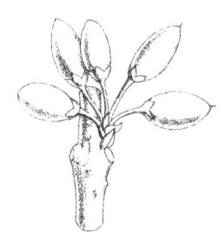

우리가 즐기는 목서향은 중국과 일본에서만 생산된 목서의 콘크리트나 앱솔루트에서 비롯된다. 목서 종류에는 다양한 품종이 있는데, 향수에 주로 사용되는 품종은 스위트 오스만투스로도 불리는 금목서 Osmanthus fragrans 다.

금목서에서 콘크리트를 추출해 알코올로 정제하면 앱솔루트가 생기는데 그 양이 매우 적다. 약 3,000킬로그램의 금목서에서 추출하는 앱솔루트는 1킬로그램에 불과하다. 간혹 앙플뢰라주나 침출법으로 추출하기도 하는데 이 역시 비용이 많이 들며 수율이 매우 낮아서 꽃 720킬로그램에서 얻을 수 있는 앱솔루트는 750그램 남짓이다.

목서 꽃은 과일 향과 가죽 향, 꽃 향이 어우러진 향으로 어떤 면에서는 재스민과 비슷하다. 과실 향은 살구나 복숭아와 비슷한데 이러한 특성 때문에 향수에 사용되는 몇 안 되는 천연 과일 노트로 꼽힌다. 향이 워낙 다채롭다 보니 플로럴이나 앰버 계열과 조합해 사용되기도 하지만, 이 복합성 때문에 향수에서 주된 향으로 사용되기도 한다.

목서는 물푸레나무과로 여기에 26종 이상의 식물이 있으며 터키에서 일본에 이르기까지 아시아에 넓게 분포한다. 학명인 오스만투스는 그리스어로 '향기로운 꽃'이라는 의미다. 관상용으로 인기가 높은데 그중 중국과 일본, 동남아시아가 원산지인 금목서는 음식이나 음료, 차 등에 향을 더하는 향료로도 많이 사용된다.

성장이 느리지만, 서리를 맞지 않도록 잘 보호해 주면 서늘한 기후에서도 잘 자란다. 특히 중국 운남 지방에 서식하는 운남 목서 O. yunnanensis 는 추위에 강하고 향 또한 매우 진하다.

오스망트 리우 위안 Osmanthe Liu Yuan 【르 자르댕 레트부르 Le Jardin Retrouvé】
이멜리아 Amelia 【그로스미스 Grossmith】
러브 오스만투스 Love Osmanthus 【아틀리에 코롱 Atelier Cologne】

제비꽃 VIOLET

제비꽃 *Viola odorata* — 제비꽃과 *Violaceae*

제비꽃은 나폴레옹 보나파르트 Napoleon Bonaparte가 가장 사랑했던 꽃이다. 아내 조제핀이 세상을 떠났을 때 그는 이 꽃을 무덤에 바쳤다. 제비꽃은 조제핀이 생전에 말메종 저택에서 가꾸던 꽃이었다.

나폴레옹이 유배되자 그를 지지하던 이들은 몰래 제비꽃 상징물(제비꽃 문양이 새겨진 스카프나 시계줄, 목걸이 장식 등-옮긴이)을 몸에 숨기고 다녔다. 그가 숨을 거둔 후 유품에서 제비꽃이 담긴 펜던트가 발견되기도 했다. 사실, 이 달콤하면서도 파우더리한 향의 제비꽃은 나폴레옹 이전부터 이미 프랑스에서 사랑받고 있었다. 그 역사는 훨씬 더 거슬러 올라가, 중동 지역 조향사들이 제비꽃 오일을 증류해 향수로 사용하던 시절까지 올라간다.

자연 상태의 제비꽃을 증류해 얻는 오일은 지극히 소량이며 가격도 매우 비싸다. 약 3만3천 킬로그램의 제비꽃에서 간신히 1킬로그램의 오일만 얻을 수 있다. 그래서 대부분 향수에서는 합성 향료로 제비꽃 향을 재현한다. 19세기 말 독일의 화학자들은 제비꽃 특유의 향을 내는 화합물인 아이오논 ionone을 분리하는 데 성공했다. 이 발견은 향수 세계의 판도를 바꿨다. 수많은 향수에서 아이오논이 제비꽃 향 또는 아이리스 향을 내는 재료로 사용된다. 제비꽃은 잎도 노트로 쓰이며 싱그러운 풀잎 향을 더해준다.

향기제비꽃 sweet violet으로 불리는 제비꽃은 다년생으로 영국을 포함한 유럽 일부 지역과 이란, 북서 아프리카가 원산지다. 은은한 꽃향기로 인기가 높아 많이 재배되며 향수뿐 아니라 식재료로도 폭넓게 사용된다. 꽃은 사탕이나 젤리는 물론 설탕에 절여 케이크 장식으로도 활용되며 신선한 꽃잎 그대로 샐러드 재료로도 사용된다.

오래전부터 제비꽃은 민간요법에서 기침이나 인후통 증상을 완화하는 약초로도 사용되었다. 최근 과학 연구에서도 제비꽃잎 추출물은 항균 및 항염 효과가 있는 것으로 밝혀졌다.

바이올렛 큐 *Violette Kew* 【르 자르뎅 레트루브 Le Jardin Retrouvé】
러브 인 블랙 *Love in Black* 【크리드 Creed】
인솔런스 *Insolence* 【겔랑 Guerlain】

작약 PEONY

작약 종 Paeonia species — 작약과 Paeoniaceae

눈부시게 아름다운 자태의 작약은 달콤하면서도 싱그러운 향을 뿜낸다. 그 향에는 달콤한 향과 매혹적인 장미 향, 상쾌한 시트러스 향까지 다채롭게 담겨있다.

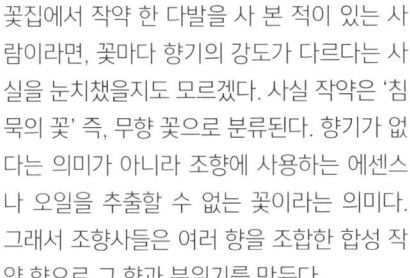

꽃집에서 작약 한 다발을 사 본 적이 있는 사람이라면, 꽃마다 향기의 강도가 다르다는 사실을 눈치챘을지도 모르겠다. 사실 작약은 '침묵의 꽃' 즉, 무향 꽃으로 분류된다. 향기가 없다는 의미가 아니라 조향에 사용하는 에센스나 오일을 추출할 수 없는 꽃이라는 의미다. 그래서 조향사들은 여러 향을 조합한 합성 작약 향으로 그 향과 분위기를 만든다.

작약은 향을 다채롭고 깊이 있게 만들고 단조로울 수 있는 플로럴 향에 입체감을 부여한다. 보통 과일 향과 꽃 향이 어우러진 플로럴 노트를 구성할 때 작약 향을 많이 활용하며 조향사는 향들을 섬세하게 조율하면서 원하는 향과 분위기를 만든다. 나무 향이나 시트러스 계열 향을 작약 향과 조합하면 남성적인 느낌의 향을 만들 수도 있다. 작약 특유의 싱그럽고 복합적인 향은 향수 업계에서 인기가 매우 높다. 현대적이면서도 가벼운 꽃 향에 대한 수요가 꾸준히 증가하면서 조 말론부터 빌헬름 퍼퓨머리Vilhelm Parfumerie, 플로럴 스트리트Floral Street에 이르기까지 많은 향수 업체가 각기 다른 감성으로 작약 향수를 만들고 있다.

작약은 관상용으로도 인기가 높아서 온화한 기후 지역에서 정원용으로도 많이 재배된다. 작약 종류를 일컫는 피오니아Peaonia는 그리스어 '파이온Paeon'에서 유래했다. 파이온은 그리스 신화에 등장하는 치유의 신인데 이름의 유래로 미루어보아 작약이 예전부터 약용 식물로 사용되어 왔음을 짐작할 수 있다. 실제로 유럽에서는 오래전부터 유럽 작약Paeonia officinalis이 피부 질환부터 류머티즘 질병에 이르기까지 다양한 병에 약재로 사용되었다. 중국이 원산지인 락티플로라P. lactiflora 및 양산모란P. ostii 등 다른 작약 종류의 뿌리 또한 중국 전통 의학에서 약재로 쓰여왔다.

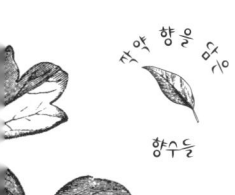

No.3 레지나 디 피오니에 *No.3 Regina di Peonie* 【네스티 단테 Nesti Dante】
피오니아 노빌레 *Peonia Nobile* 【아쿠아 디 파르마 Acqua di Parma】
원더랜드 피오니 *Wonderland Peony* 【플로럴 스트리트 Floral Street】

장미

ROSES

장미에 관한 서문

이 책 전체를 오직 장미 이야기로만 채운다 해도,
그저 장미의 세계 겉핥기에 그칠 것이다.

'꽃의 여왕'으로 불리는 장미는 현대 향수의 토대가 되는 대표적인 원료다. 오늘날 장미 품종은 약 2300만 년 전, 점신세(漸新世) 시기(신생대 3기를 다섯 단계로 구분했을 때 세 번째에 해당하는 시기로 속씨식물이 발달한 시기-옮긴이) 장미와 비슷한 식물에서 진화한 것으로 보인다.

장미는 수천 년 전부터 향의 원료로 사용되었다. 기원전 3000년경에 중국에서는 갓 딴 장미 꽃잎을 우린 장미수를 사용했고 고대 이집트인들 역시 장미꽃 물로 목욕을 하거나 집안에 꽃잎을 흩뿌려 향기가 나도록 했다.

그런데 모든 장미가 향기로운 것은 아니다. 우리가 사랑하는 장미 향기, 형언할 수 없이 다채로운 분위기의 장미 향은 주로 두 가지 품종의 향이다. 하나는 다마스크 장미Rosa x damascena고 또 하나는 센티폴리아 장미Rosa x centifolia다. 센티폴리아 장미는 프로방스 장미 혹은 5월의 장미를 의미하는 로즈 드 메Rose de Mai로 불리며 다마스크 장미의 교배종이다.

센티폴리아 장미는 프랑스 그라스Grasse 지방에서 주로 볼 수 있으며 이 지역 센티폴리아 장미에서 추출한 앱솔루트는 세계에서 가장 진귀한 향 재료로 꼽힌다. 이에 반해 다마스크 장미는 다양한 지역에서 자란다. 여리고 섬세한 꽃잎과는 달리 강인한 생명력을 지녔으며 다양한 방식의 추출법에도 향이 온전히 잘 유지된다.

장미 향의 화학 구조는 복잡한 그물망과 같다. 수많은 휘발성 화합물이 정교하고 복합적으로 얽혀 있다. 가볍고 청량하고 상쾌한 향부터 꿀처럼 달콤하고 고급스러운 향에 이르기까지 장미 향은 무척 다채롭다. 장미 향을 이루는 주요 성분들을 조합해 합성 장미 향을 만들 수도 있지만, 천연 장미 향에는 300가지가 넘는 향기 분자가 있어서 천연 향의 가치는 독보적으로 귀하며 많은 이들의 사랑을 받는다.

하지만 천연 장미에서 향을 추출하려면 어마어마한 양의 꽃이 필요하고 비용 또한 막대하게 들어간다. 다마스크 장미 에센셜 오일 1킬로그램을 얻으려면 4,000킬로그램이 넘는 꽃이 필요하고 앱솔루트를 추출하는 비용도 만만치 않게 비싸다. 하지만 비용을 감당할 수만 있다면, 추출 방식에 따라 달라지는 풍요로운 향의 변주와 깊은 향의 색깔은 무한한 창작의 기회를 열어준다.

장미하면, 샤넬의 N°5 $^{Chanel's\ N°5}$, 겔랑의 샬리마 ^{Shalimar}, 디올의 미스 디올 $^{Miss\ Dior}$ 등 향수 업계에서 가장 많이 사랑받고 가장 많이 팔린 향수들의 중심에 있다. 장미 향을 고루하다고 생각하는 이들도 있지만, 매년 수백 종류의 새로운 장미 향수들이 출시되는 오늘날 향수 시장을 보면 장미의 존재감은 더 오래 지속될 것이다.

음식도, 연료도, 섬유도, 약재도 아닌 식물 중에 장미처럼 오랜 세월 원예가와 식물 전문가들의 관심을 받은 식물도 드물다. 현재 공식적으로 인정받은 야생 장미만 해도 최소 278종 이상이며, 세계 여러 지역에 원산지를 둔 품종과 야생종을 교배해 만든 재배종은 수천 종에 이른다.

야생 장미는 북반구 전역에 서식하며 고대부터 재배되어 왔다. 다마스크 장미는 로사 갈리카 $^{Rosa\ gallica}$와 로사 모스카타 $^{R.\ moschata}$의 교배종이다. 다마스크라는 이름이 시리아의 도시 다마스쿠스 ^{Damascus}에서 왔다는 설도 있지만 확실하지는 않다. 다만, 십자군 원정에서 돌아온 병사들이 이 꽃을 유럽에 가져와 퍼지게 되었다는 이야기가 있다.

다마스크 장미에는 산지에 따라 불가리아 장미, 터키 장미, 타이프 장미 등이 있다.

19세기에 들어서면서 하이브리드 티 $^{hybrid\ tea}$(꽃송이가 큰 장미 품종-옮긴이)나 플로리분다 ^{floribunda}(무리 지어 피는 장미 품종-옮긴이) 같은 새로운 품종들이 만들어졌는데, 이들은 주로 외형적 아름다움에 초점을 두고 향은 부차적 요소로 여긴 교배종이다. 그래서 향수 업계에서는 아직도 오래된 고전 품종을 원료로 선택한다. 프랑스의 조제핀 황후는 19세기 장미 재배 산업에 가장 큰 영향을 준 후원자로 전해진다. 조제핀의 장미 사랑은 대단해서, 나폴레옹 전쟁으로 해상 봉쇄 조치가 시행되었을 때도 조제핀 황후가 개인 정원에 심을 새로운 장미 품종을 실은 배는 예외적으로 항해를 허용했다고 한다.

상업 용도의 장미 재배는 크게 절화용(꽃다발용)과 향수 및 식품 향료용을 중심으로 이루어진다. 장미 향을 추출하는 방식은 여러 가지다. 로즈 오일은 로즈 오토 $^{rose\ otto}$ 혹은 로즈 아타르 ^{attar}라고도 부르며 수증기 증류 방식으로 추출한다. 로즈 앱솔루트는 용매 추출법으로 반고체 물질인 콘크리트를 얻고 다시 이를 정제해 왁스를 제거해 얻는다. 장미수는 수증기 증류 방식으로 만들거나 꽃잎을 우려 만든다.

로즈 오일의 주된 화학 성분은 시트로넬롤 ^{citronellol}, 제라니올 ^{geraniol}, 페닐에탄올 ^{phenylethanol}이며 이 외에도 극미량만 존재해도 향 전체에 큰 영향을 주는 장미 케톤 $^{rose\ ketones}$ 같은 성분이 포함되어 있다.

몇몇 장미 종류 중에서는 열매인 로즈힙이 식용으로 사용되기도 하며 비타민 C의 훌륭한 공급원이 되기도 하다. 장미수 역시 터키의 전통 과자인 로쿰 등 단맛을 내는 과자류 등에 사용된다.

불가리아 장미 BULGARIAN ROSE

다마스크 장미 *Rosa x damascena*

불가리아의 로즈 밸리Rose Valley는 서늘하고 습도가 높은 지역이다.

서늘한 봄 기온은 장미가 스스로 보호하기 위해 분비하는 왁스의 형성을 방해하고, 습도는 꽃의 오일 함량을 높여준다. 불가리아 장미는 다마스크 장미 계열 중 하나로 싱그러운 향, 스파이시 향, 시트러스 향, 풀잎 향을 모두 지니고 있다. 다른 장미들과 마찬가지로 일 년 중에 단 몇 주만 꽃을 피우며 이 기간에 약 450톤의 꽃이 수확된다. 불가리아 장미의 오일은 아침에 함량이 가장 높아서 최대한 이른 아침에 수확하며 수확한 꽃은 즉시 증류 작업을 해야 오일 수율을 최대화할 수 있다. 불가리아 장미 오일 1킬로그램을 얻으려면 약 5,000킬로그램의 꽃이 필요하며, 향을 더욱 진하게 끌어올리려면 3개월간 숙성 기간을 거쳐야 한다. 불가리아 장미 오일 1킬로그램의 가격은 약 1만5천 달러다.

조이 *Joy* 【장 파투 Jean Patou】
로즈 퍼펙션 *Rose Perfection* 【로베르트 피게 Robert Piguet】
이딜 *Idylle* 【겔랑 Guerlain】

터키 장미 TURKISH ROSE

다마스크 장미 *Rosa x damascena*

터키 장미 역시 다마스크 장미 계열이다.

이 장미의 향은 풍부하면서도 벨벳처럼 부드럽고 꿀처럼 달콤해서 빈티지 향수를 떠올리게 한다. 터키 장미는 장미의 도시로 유명한 이스파르타^{Isparta}에서 재배되는데 이 도시의 약 16.19km²에 달하는 부지가 모두 장미밭이다. 전해지는 이야기로는 19세기 무렵 불가리아에서 터키로 온 누군가가 지팡이 속에 터키 장미 묘목을 숨겨 밀반입했다고 한다. 오늘날 터키는 전 세계 다마스크 장미 생산량의 절반 이상을 공급하는 국가이다.

로즈 파 에쌍스 *Rose Par Essence* 【레 파퓸 드 로진느 Les parfums de Rosine】
로즈 로드 *Rose Load* 【보이 스멜스 Boy Smells】
엘라 *Ella* 【아르퀴스테 Arquiste】

타이프 장미 TAIF ROSE

다마스크 장미 *Rosa x damascena*

타이프 장미 역시 다마스크 장미 계열에 속하는 품종이다.

타이프 장미는 사우디아라비아가 원산지이며 타이프^{Taif}라는 이름도 그 지역 이름에서 유래했다. 불가리아 장미와 마찬가지로 언덕에서 주로 자라며 높은 고도와 서늘한 기후 덕분에 특유의 향을 풍긴다. 타이프 장미는 깊고 풍부한 향 속에 파우더리한 향과 홍차처럼 그윽한 향이 깃들어 있다. 중동 지역에서 타이프 장미는 고귀함의 상징이다. 타이프 장미 꽃 한 송이에는 꽃잎이 약 30장 정도 달린다. 이 장미 오일 역시 귀해서 '톨라^{tolah}'(약 11.7그램 정도 양의 오일 병) 한 병을 얻으려면 1만~1만 5천 송이의 장미가 필요하다. 이러한 희소성 때문에 타이프 장미 오일은 결혼 선물로 인기가 높다.

로즈 드 타이프 *Rose de Tief* 【페리스 몬테 카를로 Perris Monte Carlo】
타이프 아우드 *Taif Aoud* 【로자 퍼퓸 Roja Parfums】
판테온 엠 엑스트레 *Pantheon M Extrait* 【판테온 로마 Pantheon Roma】

로즈 드 메 ROSE DE MAI 센티폴리아 장미 CENTIFOLIA ROSE

로자 x 센티폴리아 *Rosa x centifolia*

향수의 본고장 프랑스 그라스 지역에서 자라는 센티폴리아 장미는
가장 귀하고 값비싼 원료로 꼽힌다.

센티폴리아 장미는 여느 장미보다 훨씬 섬세한 향을 지녔다. 그 향은 달콤하고 부드러우며 마치 갓 따서 만든 꽃다발처럼 싱그럽다. 로즈 드 메 혹은 센티폴리아 장미로 불리는 이 꽃은 일 년 중 단 14일만 꽃을 피운다. 개화 기간이 짧고 품질이 탁월한 센티폴리아 장미는 오일 1킬로그램을 만드는데 무려 1톤의 꽃이 필요하며 그 가격은 4천7백만 원에 달한다! 샤넬이 센티폴리아 장미 정원을 독점하고 있다는 소문도 있었지만, 그라스 지역 곳곳에 독립적인 재배 단지가 점점 늘어나는 추세로 보아 소문은 사실이 아닌 듯하다. 다만, 어마어마한 고가 원료이기 때문에 아무 향수에서나 쉽게 느낄 수 없다.

베트로설 *Betrothal* 【그로스미스 Grossmith】
로즈 드 메 *Rose de Mai* 【페리스 몬테 카를로 Perris Monte Carlo】
넘버 5 *N°5* 【샤넬 Chanel】

흰 꽃들

WHITE FLOWERS

삼박 재스민 SAMBAC JASMINE

재스민 삼박 Jasminum sambac — 물푸레나무과 Oleaceae

삼박 재스민은 인도산을 최고로 꼽지만, 히말라야 남부와 중국에도 자생하며 요즘은 스위스 등 유럽 일부 지역에서도 자란다.

삼박 재스민은 매우 귀한 꽃으로 예전부터 인도의 종교의식에서 사용되었다. 향수에 이 꽃을 사용하기 시작한 것은 훨씬 후의 일이다. 달콤하면서도 버터처럼 부드럽고, 꿀처럼 농밀한 삼박 재스민의 향은 여러 재스민 품종과 비교해도 무척 풍부하다.

이 꽃의 주요 생산지는 인도의 남부, '재스민의 도시'로 불리는 마두라이Madurai다. 삼박 재스민 앱솔루트 1킬로그램을 얻으려면 신선한 생화 1,000킬로그램이 필요한데, 꽃 1킬로그램은 약 5,000~6,000송이 꽃봉오리에 해당하는 양이다. 삼박 재스민은 꽃이 활짝 피었을 때 향기가 가장 좋은데 시장에서는 만개한 꽃이 아닌 꽃봉오리 수요가 훨씬 높다. 꽃봉오리 상태로 구매해야 공장에 도착했을 때 꽃이 피어 앱솔루트를 추출하기 가장 좋은 시점이 되기 때문이다.

삼박 재스민은 수요가 매우 높은 꽃으로 가격이 가장 비쌀 때는 다른 재스민 품종보다 최대 10배 이상 비싸게 거래돼서 세계에서 가장 비싼 에센셜 오일 중 하나로 꼽힌다.

재스민은 아프리카, 아시아, 호주 등 전 세계에 약 200여 종이 분포하며 모두 물푸레나무과에 속한다. 원산지는 인도이지만 아시아 및 다른 지역에서도 널리 재배되고 있다. 아랍권 지역에서 인기가 높으며 그 인기를 증명하듯 아라비아 재스민Arabian jasmine으로도 불린다. 이 꽃은 아시아 일부 지역에서 중요한 문화적 의미를 지니며 필리핀에서는 이 꽃이 국화이다. 삼박 재스민의 에센셜 오일은 꽃을 증류해 얻는데 이 오일에는 벤질 아세테이트benzyl acetate라고 하는 화학 성분이 포함되어 있다. 꽃은 장식용이나 향수 원료로도 사용되지만, 우려서 재스민 차로도 마신다.

재스민 삼박 앤 메리골드 인텐스 *Jasmine Sambac & Marigold Intense* 【조말론 Jo Malone】
자도르 *J'Adore* 【디올 Dior】
에일리언 *Alien* 【뮈글러 Mugler】

그란디플로룸 재스민 GRANDIFLORUM JASMINE

재스미눔 그란디플로룸 *Jasminum grandiflorum* — 물푸레나무과

그란디플로룸 재스민은 인도가 원산지이지만,
지금은 세계 여러 나라에서 재배되고 있다.

이 꽃이 삼박 재스민과 다른 점은 다섯 장의 길쭉한 꽃잎 때문이다. 향기는 황홀하리만치 매혹적이다. 달콤한 향과 녹색의 싱그러운 향에 관능적인 동물성 향마저 감돈다.

밤새 피어난 꽃들이 햇볕에 상하기 전에 수확하려면 새벽부터 꽃을 따야 한다. 숙련된 전문가는 아침 한나절에 약 2킬로그램의 꽃을 수확하는데 1킬로그램은 약 꽃 8,000송이다. 앱솔루트 오일을 추출하려면 약 800킬로그램의 꽃에서 1킬로그램의 콘크리트를 추출하고 이 콘크리트를 정제해 약 600그램의 앱솔루트 오일을 추출한다. 당연히 그란디플로룸 재스민 오일은 천연 향료 중에서도 매우 값이 비싼 편이다.

최상급 그란디플로룸 재스민 생산지로는 프랑스의 그라스 지역이 손꼽힌다. 하지만 20세기 중반, 그라스 지역의 여러 생산지가 폐업하면서 이집트 및 이탈리아 등 재배 비용이 상대적으로 저렴한 지역으로 생산지가 옮겨가기도 했다. 그러나 최근 들어 그라스가 다시 활기를 되찾으면서 곳곳에 독립 재배 단지가 많이 들어서고 있으며 그라스는 다시 한번 전성기를 누리고 있다.

그란디플로룸 Grandiflorum은 라틴어로 '큰 꽃'이라는 의미다. 로열 재스민, 스페인 재스민 등으로도 불리지만 실제로는 스페인이 원산지가 아니며 동아프리카에서부터 히말라야에 이르기까지 광범위한 지역에서 자생한다. 인도에서는 주로 약용 식물로 활용되며 서양에서는 에센셜 오일을 추출하는 용도로 사용된다. 이 식물에서 처음으로 추출되는 화학 성분인 재스모네이트 jasmonates는 다른 여러 식물에도 있는 중요한 식물 호르몬이다. 이 성분은 식물이 상처를 입거나 감염되었을 때 반응해 방어 체계를 조율하는 데 중요한 역할을 한다.

조이 *Joy* 【장 파투 Jean Patou】
자스망 데 장쥬 *Jasmin Des Anges* 【크리스챤 디올 Christian Dior】
퓨르 엑스트렘 *Pure Extrême* 【파르팡 M 미칼레프 Parfums M. Micallef】

네롤리 NEROLI

시트러스 아우란티움 Citrus × aurantium — 운향과

네롤리는 비터 오렌지 나무 꽃에서 추출하는 에센셜 오일이다.
차분한 꽃 향과 달콤한 오렌지 향이 완벽한 조화를 이룬다.

네롤리 비가라드Neroli Bigarade라고도 불리는 네롤리에서 에센셜 오일 1킬로그램을 얻으려면 약 150만 송이 꽃이 필요하다. 한 대형 향수 제조업체에 따르면 이 업체에 필요한 꽃을 충당하려면 약 1,500명이 일일이 손으로 꽃을 따야 한다고 한다.

네롤리 오일을 얻는 과정은 시간과의 싸움이다. 비터 오렌지 나무에서 꽃을 수확할 수 있는 기간은 약 한 달 정도인데 꽃을 따자마자 즉시 증류해야 나쁜 향이 생기지 않는다. 모든 과정을 제대로 거치고 나면 믿을 수 없이 강렬하고 아름다운 네롤리 향을 얻을 수 있다. 네롤리 오일은 확산력은 좋지만 지속력이 짧아 주로 탑 노트로 사용된다.

노동 집약적인 생산 방식과 낮은 수율 때문에 네롤리 오일 가격은 매우 비싸다. 그럼에도 이 오일은 현대 향수에서 가장 인기 있는 플로럴 노트로 자리매김하고 있다. 네롤리의 장점은 이뿐만이 아니다.

꽃에서 네롤리 오일을 생산한 후에는 나무 잎사귀와 가지를 증류해 페티그레인 오일을 얻을 수 있으며 오렌지 껍질에서도 오일을 추출할 수 있다.

에센셜 오일을 추출한 후에도 증류수에 잔향이 은은하게 남는데 이 물은 요리용으로 사용되는 오렌지 꽃물로 판매된다. 네롤리에 함유된 주요 화학 성분은 리날룰linalool이나 피넨pinene 등과 같은 테르페노이드 계열이며 오렌지 오일의 주성분인 리모넨limonene은 네롤리에는 상대적으로 적게 들어 있다.

네롤리 포르토피노 Neroli Portofino 【톰 포드 Tom Ford】
네롤리 블랑 Neroli Blanc 【오 페이 드 라 플로르 도랑제 Au Pays de la Fleur d'Oranger】
솔라 블러섬 Solar Blossom 【미젠지르 Mizensir】

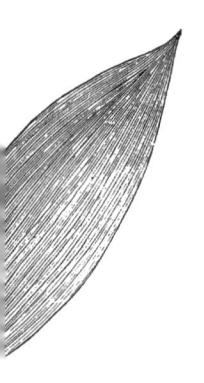

은방울꽃 LILY OF THE VALLEY

콘발라리아 미얄리스 *Convallaria majalis* — 비짜루과 Asparagaceae

은방울꽃은 향수 역사에서 가장 상징적인 플로럴 노트로 꼽힌다. 디올의 디오리시모 Diorissimo 나 가장 오래된 향수인 플로리스의 릴리 오브 더 밸리 Lily of the Valley 와 같은 전설적인 향수에서 이름을 떨쳤지만, 놀랍게도 이 꽃의 천연 원료는 거의 쓰이지 않았다.

기술적으로만 본다면 은방울꽃에서도 에센셜 오일을 추출할 수 있지만, 현실적으로는 매우 어렵다. 그 조그만 꽃들을 수확하려면 막대한 노동력과 비용이 들기 때문이다. 설령 오일을 추출한다 해도 자연 상태의 꽃향기와 너무 달라 조향사들은 트라이메틸벤젠-프로파놀 Trimethylbenzene-propanol 같은 합성 향료를 대체제로 하곤 한다. 이런 이유로 은방울꽃은 향기 없는 꽃, 즉 침묵의 꽃으로 불린다.

자연 상태의 은방울꽃과 정교하게 재현한 은방울꽃 합성 향에는 맑고 청초한 꽃 향과 명료한 풀잎 향 그리고 신선한 봄 분위기가 공존한다. 그래서 은방울꽃은 한 가지 향을 강조하는 솔리플로르 soliflore 향수에 영감을 주는 재료가 되곤 한다. 은방울꽃은 향 전체에 가볍고 산뜻한 분위기를 더한다. 또한 행운과 번영, 새로운 시작 등을 의미하는 부적처럼 사용되기도 한다.

은방울꽃은 영국을 비롯한 유럽 일부와 코카서스 Caucasus 에 자생한다. 이 꽃의 학명인 Convallaria는 라틴어로 계곡을 의미하는 '콘발리스 convallis'에서 유래했다. 이 꽃이 야생의 골짜기에서 자라기 때문이다. 은방울꽃은 정원용으로도 널리 재배되며 5월에 꽃을 피워서 5월의 백합으로도 불린다. 전통 의학에서는 기억력을 강화하고 특정 심장 질환에 효과적이라는 이유로 약재로 사용되기도 했다. 실제 이 꽃에는 강심 배당체(심장 근육의 수축력을 증가시켜 심장 박동을 조절하는 약물-옮긴이)라고 하는 화학 성분이 들어 있어서 심장 기능에 영향을 미치며 섭취하면 독성을 일으킬 수 있다.

※한국의 은방울 꽃 학명은 Convallaria keiskei Miq이며 Convallaria majalis와 같은 종으로 보기도 하고 Convallaria keiskei Miq를 독립 종으로 보기도 한다-옮긴이

디오리시모 *Diorissimo* 【디올 Dior】
릴리 오브 더 밸리 *Lily of the Valley* 【플로리스 Floris】
아이레 *Aire* 【로에베 Loewe】

튜버로즈 TUBEROSE

아가베 아미카 *Agave amica* — 비짜루과

이 시점에 튜버로즈를 빼놓을 수는 없다.
이는 마치 장미나 재스민, 샌달우드를 언급하지 않는 것과 마찬가지다.

'관능의 꽃'으로도 불리는 튜버로즈는 방에 조그마한 흰 꽃송이 하나만 두어도 매혹적인 향이 며칠 동안 방을 가득 채운다. 튜버로즈의 향은 처음엔 약초처럼 쌉싸름한 향으로 시작해 이내 꿀처럼 달콤하고 꽃처럼 부드러운 향으로 바뀐다.

튜버로즈는 매우 비싼데, 에센셜 오일 1킬로그램을 추출하려면 약 7,000킬로그램의 꽃이 필요하기 때문이다. 무엇보다도 튜버로즈를 수확하려면 이른 아침에 손으로 직접 일일이 꽃을 따야 하고, 꽃 자체도 매우 예민해서 잡초가 없는 청결한 환경에서 자란다. 다행히도 향이 매우 강렬해서 아주 소량만 사용해도 진한 존재감을 느낄 수 있다. 그러나 향수에서 튜버로즈를 주재료로 사용한다는 것은 매우 호사스러운 일이다.

초기에는 앙플뢰라주 방식으로 오일을 추출했으며 오늘날에도 몇몇 향수 장인들은 이 방식을 고수하지만, 현대에는 대부분 휘발성 용매로 추출한다. 한때 프랑스 그라스 지역에서 재배되다가 높은 비용과 낮은 수율 때문에 점차 사라졌다가 최근 들어 다시 그라스 지역에서 재개되고 있다.

워낙 고가인 원료라 대부분 향수 브랜드에서는 합성 튜버로즈 노트 향료를 사용한다.

튜버로즈 학명은 원래 폴리안테스 튜버로사 *Polianthes tuberosa*였다가 최근 아가베 속으로 분류되었다. 데킬라의 원료인 아가베 데킬라나 *Agave tequilana*와 같은 속에 속하며 모두 비짜루과이다.

사실 이 꽃의 원산지는 멕시코 남부이다. 낮게 퍼진 잎 무더기에서 뻗은 줄기는 1.2미터까지 자라며 여름이면 흰색 꽃들이 피어나 지천에 진한 향을 내뿜는다. 튜버로즈라는 이름에서도 알 수 있듯 땅속 덩이줄기tuber를 통해 수분과 영양분을 저장하는데, 다른 아가베 식물들처럼 다육질의 잎사귀에도 수분을 저장한다.

프라카 *Fracas* 【로베르 피게 Robert Piguet】
카날 플라워 *Carnal Flower* 【도미니크 로피옹 포 프레데릭 말 Dominique Ropion for Frédéric Malle】
튜베로즈 트리아농 *Tubéreuse Trianon* 【자르뎅 레트루브 Le Jardin Retrouvé】

치자나무 GARDENIA

가르데니아 종 Gardenia species — 꼭두선이과 Rubiaceae

흰 꽃 부류에서는 유난히 존재감이 강한 치자나무이지만
향수 역사에는 비교적 늦게 등장했다.

치자나무는 향수 역사의 중심에 오랫동안 존재했던 것처럼 느껴지지만 정작 향수 세계에 본격적으로 등장한 것은 20세기 초다.

다른 섬세한 꽃들과 마찬가지로 치자나무 꽃 역시 수증기 증류법으로는 오일을 추출할 수 없어서 과거에는 앙플뢰라주 방식이 사용되었다. 요즘은 휘발성 용매를 이용해 콘크리트를 추출한다. 이런 방식으로 콘크리트를 추출해야 하는 다른 종 식물들과 마찬가지로 치자나무에서 콘크리트를 얻는 과정은 만만치 않다. 약 1킬로그램의 콘크리트를 얻으려면 4,000킬로그램의 꽃이 필요하기 때문이다. 그래서 향수에는 합성 치자나무 노트가 주로 사용된다. 조향사들도 치자나무와 비슷한 향을 내는 오렌지 블러썸이나 튜버로즈 향을 조합해 치자나무와 비슷한 향을 만들어 낸다.

치자나무 꽃은 싱그러운 녹색 잎 향과 풍부한 흰색 꽃 계열의 향을 지녔다. 부드러우면서도 감각적인 향뿐 아니라 마음을 진정시키는 효과가 있어서 스트레스 및 불안을 완화한다고도 알려져 있다. 치자나무 곁에서 그 향을 맡아본 사람이라면 그 향기가 얼마나 강렬한지 잘 알 것이다. 치자나무 꽃을 방에 두면 진한 치자꽃 향이 온 방을 가득 메운다.

치자나무는 아프리카 및 동남아시아, 호주, 태평양 일대 여러 섬에 두루 자생하며 지금까지 알려진 종만 해도 127종이 넘는다. 모두 커피나무가 속한 꼭두선이과에 속한다. 가장 많이 재배되는 종은 꽃치자로도 불리는 가르디니아 재스미노이디스 G. jasminoides 치자나무로 동아시아와 동남아시아가 원산지다. 이 속의 학명인 가르데니아 Gardenia는 18세기 스코틀랜드의 식물학자인 알렉산더 가든 Alexander Garden의 이름을 딴 것이다. 치자나무 종에 속하는 식물 대다수가 수지나 고무질 분비물을 분비해 초식 동물의 접근을 막는다. 하지만 작은 섬에 자생하는 치자나무 종은 현재 멸종 위기에 처해 있다.

나르시소 Narciso 【나르시소 로드리게즈 Narciso Rodriguez】
부토니에르 No. 7 Boutonnière No. 7 【아르퀴스테 Arquiste】
바치아미 Baciami 【불가리 Bvlgari】

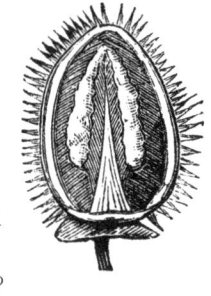

독말풀 DATURA

다투라 종 *Datura species* — 가지과 *Solanaceae*

독말풀을 향수로 만들어 피부에 뿌린다는 것이 조금 꺼려질 수도 있다. 독말풀은 맹독성 식물이며 환각효과도 일으키기 때문이다. 그렇다면 어떻게 이런 독말풀이 향수 세계에 들어오게 되었을까?

'천사의 나팔' 혹은 '치명적 독초'로 불리는 독말풀은 밤에 꽃이 핀다. 독말풀 꽃이 피면 형언할 수 없이 감미롭고 달콤한 향이 풍긴다. 다행히 향수에 사용되는 독말풀 향은 합성으로 제조되기 때문에 이 향이 들어간 향수를 뿌린다고 해서 독성에 노출될 위험은 없다.

독말풀은 역사적으로 여러 문화권에서 중요한 의미를 지녔다. 이 꽃을 신성하게 여겨 종교의식에 사용한 문화권도 있고 더 나아가 꽃 자체에 신의 권능이나 마법의 힘이 있다고 믿는 문화권도 있었다.

독말풀 향이 합성 향으로 만들어졌다는 점을 탐탁지 않게 여기는 이들도 있다. 향수에서 합성 원료는 매우 유용한 도구이지만 달콤하고 감미로우며 부드러운 흰 꽃 향은 굳이 합성 원료가 아니더라도 다른 향들의 조합을 통해서도 얼마든지 구현할 수 있다.

그럼에도 많은 향수 브랜드에서 독말풀 향을 사용하는 것은 독말풀이 지닌 신비한 분위기와 신화성을 빌려 향수에 매혹적인 서사를 더하기 위한 것으로 풀이된다.

독말풀 학명은 다투라 스트라모니움 *Datura stramonium*이며 가시 돋친 열매 때문에 '가시 사과 thorn apple'로도 불리고 스트라모니움 *stramonium*으로도 불린다. 독말풀의 또 다른 별명으로는 '제임스타운 위드 Jamestown weed'와 '짐슨위드 Jimsonweed'가 있다. 17세기 미국 제임스타운에서 너새니얼 베이컨 Nathaniel Bacon의 반란을 진압하던 병사들이 이 식물을 섭취하고 환각 증세를 보인 데서 유래한 이름이다. 과거에는 독말풀이 특정 호흡기 질환을 완화한다고 해서 독말풀 잎을 말아서 담배처럼 피우기도 했다. 독말풀은 독성이 있는 식물이지만 식물에 함유된 일부 화학 성분은 장 경련 같은 일부 질환을 치료하는 약물로 개발되기도 했다.

세크레 다투라 *Secréte Datura* 【메트르 파르퓌머 에 갱티에 Maitre Parfumeur et Gantier】
다투라 블랑쉬 *Datura Blanche* 【게이코 메쉐리 Keiko Mecheri】
몽 파리 *Mon Paris* 【이브 생 로랑 Yves Saint Laurent】

프랑지파니 FRANGIPANI

플루메리아 종 *Plumeria species* — 협죽도과 *Apocynaceae*

프랑지파니는 플루메리아 종류의 식물들을 통칭하는 이름이다. 매혹적인 향을 풍기는 낙엽성 꽃으로 그 향을 맡는 순간 열대 풍경과 따스한 기후, 열대의 이국적인 과일들이 떠오른다.

플루메리아 종 식물에 어떻게 '프랑지파니'라는 이름이 붙었는지에 관해서는 여러 설이 있다. 가장 널리 알려진 설은 이탈리아 귀족 마르퀴스 프랑지파니 Marquis Frangipani에 관한 이야기다. 16세기 이탈리아에서는 가죽 장갑에 향을 입히는 것이 유행이었는데, 그의 장갑 향이 이 꽃 이름에 영향을 주었다는 얘기가 있다. 하지만 프랑지파니라는 이름에 관한 이야기들은 서로 상충하는 내용이거나 명확한 근거가 없어 그저 전해지는 이야기로만 남아 있다.

분명한 점은 프랑지파니가 전 세계에 걸쳐 중요한 문화적 상징성을 지닌 꽃이라는 사실이다. 라오스에서는 '독 참파 dok champa'로 불리는 국화이다. 인도네시아 발리에서는 이 꽃의 상징성이 섬 문화 곳곳에 촘촘히 스며 있다. 사람들은 프랑지파니를 신성하게 여기며 다섯 개의 꽃잎은 우주를 구성하는 다섯 가지 원소 즉, 흙, 물, 불, 공기, 에테르를 상징한다고 생각한다.

꽃 향은 오렌지 블러썸과 치자나무를 닮았다. 크림처럼 부드러운 분위기가 복숭아와 새콤한 과일 향과 매혹적으로 어우러진다. 향수에서 프랑지파니 향은 열대의 분위기를 연상시키는 하트 노트로 주로 사용된다.

플루메리아는 협죽도과에 속하며 지금까지 인정된 종만 18종 이상이며 대부분 중앙아메리카 열대 지역에 분포하는데 특히 쿠바에 다양한 종이 있다.
대부분 관목이나 작은 나무 형태이며 다섯 개의 꽃잎이 바람개비 모양으로 겹쳐있다. 원산지는 아메리카 대륙이지만 지금은 세계 열대 지역에 널리 퍼져있다. 나뭇가지를 자르면 흰색 유액이 나오는데 피부에 자극적일 수 있어서 직접 만지지 않는 것이 좋다.

프랑지파니 *Frangipani* 【오르몽드 제인 Ormonde Jayne】
시드니 락 풀 *Sydney Rock Pool* 【아르퀴테스 Arquiste】
바노리 *Vanori* 【실벤느 드라꾸뜨 Sylvaine Delacourte】

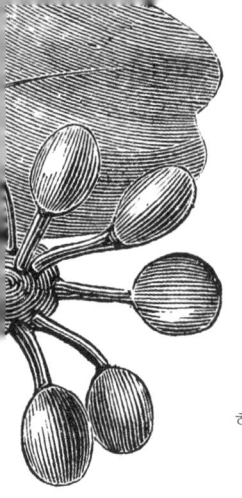

일랑일랑 YLANG-YLANG

카낭가 오도라타 *Cananga odorata* —
안노나케아이 (안노나 과, 보뽀나무과) *Annonaceae*

한때 재스민의 저렴한 대체재로 여겨지던 일랑일랑은 크림처럼 부드러운 흰 꽃 향으로 이제 전체 향수의 1/3에 포함될 정도로 존재감을 드러내며 향수 산업의 주류 원료가 되고 있다. 세계에서 가장 유명한 향수인 샤넬 N°5에도 이 꽃이 주된 원료로 사용되었다.

샤넬 N°5의 조향사인 에르네스트 보Ernest Beaux는 일랑일랑이 향수의 향을 '단단히 묶어주는' 역할을 한다고 말한 바 있다. 일랑일랑 덕분에 그는 대담하게 향수에 알데하이드aldehydes를 사용해 샴페인을 연상시키는 향을 만들 수 있었다.

일랑일랑은 열대 지역에서 자라며 나무는 30미터까지 자란다. 일랑일랑 나무 수명은 평균 50년 정도로 내내 꽃을 피우지만 25~30년 이후에는 꽃이 점차 줄어든다. 이른 아침에 향이 가장 짙어서 꽃 수확도 이른 아침에 한다. 숙련된 전문가는 하루에 약 20킬로그램의 꽃을 수확하며 꽃에서 추출하는 오일 양도 상대적으로 많은 편이다.

일랑일랑 향은 튜버로즈와 재스민 중간 정도로 크림처럼 부드러운 향과 과일 향에 관능적인 향이 감돈다. 대량으로 사용하면 약초 느낌도 난다. 주로 다른 꽃 향과 조합해 풍성한 부케 향을 만들거나 바닐라 향을 더해 밝은 느낌의 향을 만든다.

동남아시아와 호주 일대가 원산지인 일랑일랑은 나무의 성장 속도가 빠른 편이며 커스터드 애플custard-apple과에 속한다. 일랑일랑의 학명인 오도라타odorata는 라틴어이며 '향기'를 의미한다. 에센셜 오일은 꽃에서 추출하며 품질에 따라 여러 등급으로 나뉜다. 가장 높은 등급인 '일랑일랑 엑스트라'가 전체 오일 추출 양의 40%를 차지한다. 이 오일은 터페노이드 및 피넨, 리날룰, 제라니올, 메틸 벤조에이트, 벤질 아세테이트 등 여러 휘발성 화합물로 구성되어 있다. 일랑일랑이라는 이름은 안노나 과의 다른 식물에도 사용된다. 가령 아르타보트리스 헥사페탈루스Artabotrys hexapetalus도 덩굴 일랑일랑 혹은 클라이밍 일랑일랑으로 부른다.

N°5 【샤넬 Chanel】
디오리시모 *Diorissimo* 【디올 Dior】
일랑 인 골드 *Ylang in Gold* 【퍼퓸 엠 미칼레프 Parfums M. Micallef】

인동 HONEYSUCKLE

인동 종 *Lonicera species* — 인동과 *Caprifoliaceae*

진하고 달콤하면서도 독특한 향을 지닌 인동은
재스민과 비슷하다는 평이 많다.
인동에서는 바닐라 향이나 꿀 향이 나기도 한다.

인동 향은 해 질 무렵부터 밤사이에 더욱 짙어지는데 그 이유는 수분을 도와줄 곤충을 유인하기 위해서다.

인동에서도 앱솔루트를 얻을 수는 있지만 결과물이 실제 꽃 향과 사뭇 다르다. 그래서 인동은 '침묵의 꽃' 혹은 '무향 꽃'으로 불리며 다른 대체 향료나 헤드스페이스 headspace라고 하는 기술로 향을 추출한다.

1980년대 개발된 헤드스페이스 기술은 향을 분리하는 기술로 휘발성 물질을 무거운 순으로 추출하고 분석해 각각의 성분이 얼마나 들어있는지, 그 농도를 분석하는 기법이다. '향을 찍는 카메라'라고 생각하면 된다. 이 기술 덕분에 조향사들은 꽃의 향을 구성하는 성분을 파악해 이를 다른 향을 재창조하는 데 사용할 수 있게 되었다.

오늘날 인동 향을 활용한 향수는 무수히 많지만, 그중에서도 눈에 띄는 향수는 산타 마리아 노벨라 Santa Maria Novella의 카프리폴리오 Caprifoglio다. 이 향수는 인동 덩굴의 모습에서 영감을 받아 얽히고설킨 사랑을 표현했다.

현재 공식적으로 인정된 인동 종은 158개 이상이며, 주로 북반구 전역에 널리 퍼져있다. 영국에서 가장 흔히 볼 수 있는 인동 종은 로니세라 페리클리메눔 Lonicera periclymenum으로 흔히 붉은 인동 혹은 우드바인 Woodbine으로도 알려져 있다. 이외에도 페르폴리엣 인동, 엘 카프리폴리오 혹은 일본 인동 등도 영국에서 자생하는데 일본 인동은 침입종으로 취급받는다. 인동은 대부분 덩굴 형태로 자라며 허니서클 honeysuckle이라는 이름에서 짐작할 수 있듯 달콤한 꿀을 함유하고 있다. 이 꿀로 나비, 나방, 벌 등 수분을 해주는 곤충들을 유인한다.

카프리폴리오 *Caprifoglio* 【산타 마리아 노벨라 Santa Maria Novella】
넥타 *Nectar* 【커머디티 Commodity】
클럽 도쿄 *Club Tokyo* 【로즈 Roads】

과일
FRUIT

루바브 RHUBARB

레움 하이브리둠 *Rheum x hybridum* — 마디풀과 *Polygonaceae*

흔히 사용되는 과일이나 채소 향과 마찬가지로 루바브 향도 합성으로 만드는데 조향사마다 선택하는 향 원료들은 다르다.

향수 및 향료 기업 퍼메니쉬 Firmenich는 루바브 향을 내기 위해 합성 원료 루보픽스® Rhubofix®를 개발했다. 루보픽스는 향수는 물론 세탁 세제, 섬유 유연제 등에도 사용된다. 이 향료는 우디한 향, 스파이시 향, 꽃 향, 과일 향 등이 어우러져 상쾌하면서도 생기 넘치는 루바브의 본질을 잘 해석했다는 평가를 받는다.

최근 들어 루바브 향은 날로 인기를 더해가고 있다. 루바브 향에는 시트러스 향이나 다른 과일 향으로는 표현하기 어려운 특유의 싱그럽고 달콤한 향이 담겨있다. 그래서 루바브 크럼블(새콤한 과일 위에 밀가루나 버터 등으로 바삭한 부스러기 토핑을 올려 구운 영국식 디저트-옮긴이)처럼 새콤달콤한 향이 조화를 이룬다. 흰 꽃 계열 향이나 파우더리한 플로럴 향, 장미 향과도 매우 잘 어울리며 라벤더 같

은 허브 향이나 계피나 생강 같은 향신료 향과도 잘 어울린다.

루바브는 주로 불가리아와 시베리아 두 곳에 각각 원산지를 둔 두 종의 교잡종이다. 루바브는 추운 기후를 견뎌야 더 잘 자라기 때문에 영국 요크셔 지방에서 많이 재배된다. 줄기 부분은 생으로 먹거나 조리해 먹을 수 있는데 특유의 산미와 떫은 맛 때문에 파이나 커스터드 요리에 많이 사용된다. 루바브의 당도를 높이려면 햇빛을 피해야 해서 햇빛을 차단한 인위적 환경에서 재배하는 경우가 많다. 과거에는 수확 과정까지도 촛불을 켜고 했을 정도로 철저히 햇빛을 차단하기도 했다. 잎은 독성 성분 '옥살산 oxalic acid'이 있어 식용으로 사용하지 않는다.

일렉트릭 루바브 *Electric Rhubarb* 【플로럴 스트리트 Floral Street】
델리나 *Delina* 【퍼퓸 드 말리 Parfums de Marly】
딜리셔스 루바브 앤 로즈 *Delicious Rhubarb & Rose* 【몰튼 브라운 Molton Brown】

블랙커런트 BLACKCURRANT

양까막까치밥나무 Ribes nigrum — 까치밥나무과 Grossulariaceae

조향사는 블랙커런트를 두 가지로 분류해 사용한다. 하나는 블랙커런트 싹으로 녹색 잎 향과 우디한 향, 과일 향, 발사믹 향 등을 풍긴다. 또 다른 하나는 열매로 과일 향이나 꽃 향을 중심으로 하는 향과 조합해 달콤하면서도 상큼한 분위기를 더한다.

블랙커런트는 꽃봉오리에서 용매 추출법을 이용해 향 오일을 얻는다. 반면 열매는 여느 과일 향과 마찬가지로 주로 합성 향을 만들어 사용한다. 블랙커런트에서 1킬로그램의 오일을 얻으려면 꽃봉오리 30킬로그램이 필요하다. 블랙커런트는 주로 프랑스 브루고뉴Burgundy에서 재배되며 수확한 꽃봉오리 중 약 3분의 2가 향수 원료로 사용된다.

조향사들은 이 원료를 매우 섬세하게 다룬다. 꽃봉오리는 향긋한 과일 향을 머금고 있지만 과하게 사용하면 초록 잎사귀 향이 너무 두드러지고, 잘못 사용하면 동물의 소변이나 땀 냄새 비슷한 불쾌한 향이 올라오기 때문이다. 이 냄새는 마치 비에 젖어 축축해진 건초 냄새와도 비슷하다.

블랙커런트는 주로 꽃봉오리가 향수의 재료로 이용되었는데 최근에는 과일 향이 인기를 끌면서 열매 자체의 향도 주목받고 있다.

까치밥나무과에 속하는 블랙커런트는 북유럽 일대에서 인기가 높다. 열매를 생으로도 먹지만 잼이나 과일청, 음료, 농축액 등 디저트 음식에도 활용된다. 블랙커런트 열매에는 비타민 C 함량이 매우 높고 안토시아닌 성분이 풍부하게 들어 있다. 열매 색이 짙은 보라색인 이유도 안토시아닌 성분 때문이다.(열매의 보라색 즙은 잘 지워지지 않기로 악명높다) 미국에서도 한때 블랙커런트 인기가 높았는데 1911년, 블랙커런트 재배 금지 조치가 시행되면서 거의 잊혔다. 당시 미국은 백송을 공격하는 소나무 발진 녹병으로 소나무 숲이 파괴되었는데 이 녹병을 옮기는 숙주 식물로 블랙커런트가 지목되면서 재배가 금지된 것이다.

믹스드 이모션스 Mixed Emotions 【바이레도 Byredo】
롬브르 단 로 L'Ombre dans l'Eau 【딥디크 Diptyque】
보칼리즈 Vocalise 【마트르 파퓨뫼 에 갱띠에 Maître Parfumeur et Gantier】

복숭아 PEACH

복사나무 *Prunus persica* — 장미과 *Rosaceae*

복숭아는 상큼하고 달콤하며 과즙이 풍부하고 향이 섬세하다. 잘 익은 복숭아를 한입 베어 무는 상상만 해도 싱그러운 향이 입안 가득 퍼지는 것만 같다. 어쩌면 이 달콤한 향을 향수에 담고 싶어 하는 것은 당연하다.

세상에는 700종이 넘는 복숭아 품종이 있으며 각 품종마다 고유의 특징이 있다. 하지만 아무리 향이 매혹적이고 품종이 다양해도 천연 복숭아 향을 오롯이 담은 에센셜 오일을 추출하기란 불가능에 가깝다. 결국 조향사들은 합성 향료에 의존할 수밖에 없다.

복숭아 향을 내기 위해 주로 사용하는 합성 향료는 알데하이드 C14인데 이름과 달리 이 향료는 알데하이드 계열이 아니라 락톤^{lactone} 계열이다. 알데하이드 C14는 1908년경에 발견되었고, 발견되자마자 곧바로 향수에 사용되기 시작했다. 이 향료가 들어간 가장 유명한 향수는 겔랑의 미츠코^{Mitsouko}다. 이후 까롱 같은 브랜드에서도 이 향료를 도입하기 시작했고 1950년대에 들어서 알데하이드 C14는 가장 인기 있는 향수 재료가 되었다. 그리고 그 인기는 오늘날까지도 이어져 조향사들의 팔레트에서 빠지지 않는 재료다. 알데하이드 C14 향은 놀라우리만치 복숭아 향과 비슷해서 '복숭아 알데하이드'로도 불린다. 이뿐 아니라 천연 원료들을 조합해 복숭아 향을 만들기도 한다.

복숭아는 아몬드, 자두, 체리 등과 함께 복사나무 속에 속한다. '프루누스 페르시카^{Prunus persica}'라는 학명 때문에 페르시아가 원산지라는 오해도 받지만 실제로는 중국 북부 지역에서 최초로 재배되었다. 지금은 세계 곳곳에서 복숭아를 재배하지만 특정 온도와 강수량 조건이 잘 맞는 곳에서만 자라기 때문에 재배 조건이 꽤 까다롭다. 게다가 나무 수명도 짧고 해충과 질병에도 취약하다. 복숭아는 생물학적으로 아몬드와 매우 비슷해서 아몬드 대신 복숭아 씨를 갈아 마지팬^{marzipan}(아몬드가루의 설탕을 섞어 만든 쫀득한 식감의 과자-옮긴이)을 만들기도 한다.

포 드 페쉐 *Peau de Pêche* 【게이코 메쉐리 Keiko Mecheri】
구찌 러시 *Gucci Rush* 【구찌 Gucci】
오스망트 리우 위안 *Osmanthe Liu Yuan* 【르 자르댕 레트루브 Le Jardin Retrouvé】

살구 APRICOT

살구나무 *Prunus armeniaca* — 장미과 *Rosaceae*

살구에서는 햇살을 한껏 머금은 과실 향이 난다.
꽃향기에 가까우면서도 달콤하고 촉촉해서,
다른 과일 향에 비해 부드러우며 살구만의 매력이 뚜렷하다.
꽃향기를 머금고 있어서 다른 꽃 향과 매혹적으로 어울린다.

살구 향은 주로 합성 향료로 만든다. 천연 살구 오일을 사용하기도 하는데 이 오일은 주로 씨앗에서 추출하며 향수보다는 화장품 등의 분야에 사용된다. 달콤하고 산뜻한 살구 향은 탑 노트로 주로 사용되어 향기의 첫인상을 과일 향으로 열어준다.

플로럴 노트와 조합하면 섬세하고 우아한 향을, 바닐라처럼 달달하고 맛있는 향기가 나는 구어망드 gourmand 향과 조합하면 풍부한 과일 향을 낸다. 우디 노트와 조합하면 더욱 관능적인 향을 내고, 머스크와 조합하면 부드러운 분위기를 남긴다. 살구 향을 가장 잘 표현하는 단어는 '포근함'이다. 부드럽고 몽환적이라는 의미다. 살구 향에는 다른 과일 향과 차별화되는 특유의 관능미도 있다. 살구 향이 여성 향수에 자주 사용되는 것도 이 관능미 때문인지도 모른다.

살구나무에 흐드러지게 핀 꽃 느낌 역시 합성 향료로 재현한다. 벚꽃 향과 마찬가지로 살구 향도 실제 꽃향기를 재현하기보다는 활짝 핀 꽃 무리의 향, 공중에 가볍게 흩날리는 꽃잎의 분위기 등을 표현하는 데 중점을 둔다.

학명은 아르메니아를 연상시키는 프루누스 아르메니아카 Prunus armeniaca 이지만 실제 원산지는 중앙아시아로 알려져 있다. 세계 여러 지역에서 다양한 프루누스 종을 다 살구라는 통칭으로 부르는데 가장 널리 재배되는 종은 프루누스 아르메니아카다.

다른 프루누스 종들과 마찬가지로 살구씨도 아몬드와 비슷한 맛을 내는데 이는 씨앗에 함유된 벤즈알데하이드 성분 때문이다. 그래서 아몬드 향미를 내는 술인 아마레토 amaretto 에 아몬드 대용으로 값이 저렴한 살구씨를 넣기도 한다. 다만 살구씨에는 독성 물질인 아미그달린 amygdalin 이 있어서 사용 전에 반드시 제거해야 한다.

애프리콧 프리베 *Apricot Privée* 【플러 Phlur】
벨피오레 *Belfiore* 【오만 럭셔리 Oman Luxury】
트레저 *Trésor* 【랑콤 Lancôme】

체리 CHERRY

양벚나무 *Prunus avium* — 장미과 *Rosaceae*

향수의 세계에서 과일 향을 들여다보면 하나의 흐름이 보인다. 대체로 과일 향은 합성 향으로 만들어진다. 실제 과일에서 천연 에센셜 오일을 추출하기가 대단히 어렵거나 아예 불가능하기 때문이다. 단, 시트러스 계열 과일은 예외다.

체리는 합성 향료로만 향을 낸다. 과실에도 향이 있긴 하지만 그 향을 구성하는 화합물이 대단히 복잡하고 섬세한 구조여서 일반 추출 방법으로는 향 오일을 추출하기가 매우 어렵기 때문이다. 그래서 체리 향은 다른 과일 향과 꽃 향을 조합해 복제하거나 아세토페논 acetophenone 과 벤즈알데히드 benzaldehyde 같은 향기 화합물을 이용해 재현한다. 두 화합물 모두 사과나 살구 같은 과일에 들어 있는 유기 화합물이다.

그런데 흥미롭게도 체리도 향수의 유기 화합물 재료로 사용된다. 그러나 체리에서 추출한 화합물은 과실 향이 아니라 파우더리한 향이나 꽃 향을 내는 데 사용된다.

조향사들이 왜 체리 향이 나는 향수를 만들고 싶어 하는지는 굳이 설명할 필요가 없을 것이다. 체리가 다른 향과 어우러지면 체리만이 지닌 고유의 분위기 즉, 새콤달콤하면서도 과즙 풍부한 과일 향을 더해주어 맛있는 향을 만들어주기 때문이다.

스위트 체리 sweet cherry 는 유럽이 원산지로 커다란 나무에 탐스러운 꽃이 가득 핀다. 이 나무에서 작은 체리 열매가 맺히는데 새들이 이 열매를 유독 좋아한다. 체리의 학명인 프루누스 아비움 *Prunus avium* 에서 아비움이 라틴어로 새를 의미하는 것도 이 때문이다. 동유럽에서 인기가 높은 사워 체리 sour cherry 는 스위트 체리와는 다른 종인 프루누스 케라수스 *P. cerasus* 이다. 체리 나무 목재는 색이 아름답고 가공하기 쉬워 상품성이 매우 높다. 프루누스 종이 대체로 그러하듯 체리 씨앗에는 독성 물질인 아미그달린 amygdalin 이 있는데 이 성분이 체내에 들어오면 소화 효소와 결합하여 시안화나트륨 성분으로 분해된다.

에테르니타스 *Aeternitas* 【프랭크 뮬러 Franck Muller】
로스트 체리 *Lost Cherry* 【톰포드 Tom Ford】
메이저 미 *Major Me* 【파코 라반 Paco Rabanne】

라즈베리 RASPBERRY

루부스 이데우스 *Rubus idaeus* — 장미과 *Rosaceae*

여름철 과일인 라즈베리는 달콤함과 새콤함이 완벽하게 조화를
이룬다. 라즈베리 향은 과일 향과 건초 향을 머금고 있다.
이는 라즈베리에 함유된 천연 성분인 이오논^{ionone} 때문이다.
이오논은 제비꽃이나 건초에도 들어 있다.

향수에서 라즈베리 향은 거의 합성 향료로 대체된다. 주로 '프람비온^{frambione}'으로도 불리는 '라즈베리 케톤$^{raspberry\ ketone}$'이 사용되는데 이 물질은 식품 첨가물로도 이용된다. 라즈베리 케톤은 여러 베리 류에 자연적으로 함유되어 있으며 꿀이나 커피 심지어 소고기에도 들어 있다. 라즈베리 케톤은 과일처럼 새콤달콤하면서도 파우더리한 향이다. 라즈베리 향을 재현하기 위해 라즈베리 케톤 외에도 다른 합성 원료도 사용된다. 가령 라즈베리가 지닌 잼처럼 달콤한 향과 발사믹 향, 나무 향을 표현할 수 있는 다양한 합성 원료들이 사용되기도 한다. 라즈베리는 대체로 플로럴 노트, 그중에서도 장미 향과 특히 잘 어울린다는 평이 많다.

라즈베리 잎은 향수에서 주로 베이스 노트로 활용되어 여러 향기를 어우러지게 하는 역할을 한다. 특히 나무 향, 시프레 계열 향, 녹색 잎 향 등과 조화를 이룰 때 향이 더욱 풍부해진다. 라즈베리 잎사귀는 향이 깊고 풍부하면서도 은은한 차 향이 나며 라즈베리가 머금은 과일 향의 지속력을 높여준다.

라즈베리는 블랙베리, 나무딸기 등과 함께 루부스^{Rubus}속에 속하는데 이 속은 현재까지 알려진 것만 해도 1480 종이 넘는 거대한 식물군이다. 유럽산 라즈베리의 학명은 루부스 이데우스$^{Rubus\ idaeus}$인데 이데우스는 고대 트로이 인근의 '이다^{Ida}' 산에서 유래했다. 현재는 유럽 전역과 아시아 북부에서 널리 재배된다. 라즈베리는 추운 기후도 잘 견디는 다년생 식물로 다른 과일나무들이 잘 자라지 못하는 환경도 잘 견딘다. 라즈베리 특유의 맛과 향은 라즈베리 케톤 성분 때문인데, 천연 라즈베리에는 극히 소량만 들어 있어서 주로 합성으로 제조한다.

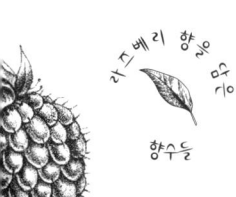

플라멩코 *Flamenco* 【라몬 모네갈 Ramon Monegal】
프레쉐르 뮈스키심 *Fraîcheur Muskissime* 【마트르 파르퓌뇌 에 갼티에 Maître Parfumeur et Gantier】
쏘 스캔들! *So Scandal!* 【장 폴 고티에 Jean Paul Gaultier】

리치 LYCHEE

리치 치넨시스 *Litchi chinensis* — 무환자나무과 *Sapindaceae*

신선한 리치를 먹는 순간은 늘 즐겁다.
먹자마자 은은한 향과 풍부한 과즙, 달콤하고 상큼하면서도
이국적인 과일 향이 입안 가득 퍼지면서…….

조향사들이 리치 향을 향수에 담을 때 원하는 것도 이러한 감각적 느낌이다. 리치 향은 열대 과일 향은 물론 플로럴 노트나 우디 노트와도 잘 어울린다. 햇살 가득한 열대의 휴양지에 온 듯한 느낌을 주기 위해 사용되는 리치 향은 주로 여름 향수에 사용되곤 한다.

다른 과일 향과 마찬가지로 리치 향도 합성으로 만든다. 조향사들과 향기 전문 화학자들은 리치의 자연 구성 성분에서 영감을 받는다. 가장 흔히 사용되는 합성 향은 달콤하고 진득한 잼 향에 자두, 포도, 딸기류 같은 과일 향, 장미 향을 더한 향이다.

가장 대표적인 리치 향수는 퍼퓸 드 말리Perfumes de Marly의 델리나Delina다. 장미 향이 주도적인 이 향수는 리치와 루바브 향을 탑 노트로 배치해 향을 열고 장미와 작약을 하트 노트로 두어 중심을 잡고 머스크와 바닐라 베이스 노트로 잔향을 남긴다. 이 향수는 과일 향과 꽃 향이 어우러진 향수 중 가장 인기 있는 향수로 꼽힌다.

리치는 무환자나무과에 속하며, 이 과에는 단풍나무, 마로니에나무 등이 포함된다. 리치의 원산지는 동남아시아로 중국 남부와 동부에서 인도네시아에 이르기까지 광범위하게 분포한다. 작은 가시가 촘촘히 박힌 분홍빛 껍질이 흰 과육을 감싸고 있는데, 분홍 껍질은 언뜻 보면 마로니에 열매껍질과 비슷하다. 과육 안에는 단단한 갈색 씨앗이 있다.

비슷한 식물군인 아키(선홍색 열매를 맺는 남아프리카산 나무―옮긴이)와 마찬가지로 과다 섭취하면 심각한 저혈당증을 유발할 수 있어서 주의가 필요하다. 그러나 적당히 섭취하면 리치는 비타민 C가 풍부한 안전한 과일이다.

델리나 *Delina* 【퍼퓸 드 말리 *Parfums de Marly*】
베리 굿 걸 *Very Good Girl* 【캐롤리나 에레라 *Carolina Herrera*】
슈거 리치 *Sugar Lychee* 【프레시 *Fresh*】

서양배 PEAR

피루스 코뮌니스 *Pyrus communis* — 장미과 *Rosaceae*

배 향기를 떠올려보자. 한입 베어 물었을 때 아삭하게 퍼지는
신선하고 풋풋한 배 냄새가 떠오르는가, 아니면
배 맛 사탕 냄새가 떠오르는가?

향수에 사용되는 배 향은 대부분 합성 향이다. 주로 사용되는 재료가 헥실 아세테이트 hexyl acetate 인데 이 성분은 사과와 배를 떠올리게 하는 풋풋한 과일 향을 낸다. 헥실 아세테이트는 바나나나 일부 감귤류 과일에도 천연 성분으로 함유되어 있으며 향수뿐 아니라 음료 제조에도 사용된다. 화학자들은 천연 성분과 동일한 구조의 합성 헥실 아세테이트를 만들어 사용한다. 이는 더욱 지속 가능한 방식일 뿐 아니라 재료의 품질을 일정하게 유지하는 데도 도움이 된다.

서양배는 과일 향 중에서도 특히 단 향이 강하다. 물론 상큼한 과일 향도 있긴 하지만 주로 배 맛 사탕 등에 단맛을 더하는 재료로 더 많이 활용된다. 몇몇 조향사들은 서양배 나무가 타는 냄새, 특히 배나무를 장작으로 태울 때 나는 독특한 연기 냄새를 향수에 담고자 시도하기도 한다. 배꽃의 감성을 향기로 만들려는 조향사들도 있다. 다만 다른 과일나무와 마찬가지로 배꽃 역시 향기가 거의 없어서 조향사들은 실제 향이 아닌 배꽃의 분위기를 향으로 구현한다.

전 세계에 다양한 배나무 종이 있지만 가장 일반적인 것은 유럽 품종인 서양배 P. communis 로 이 품종에서 수백 종의 배가 만들어졌다. 배는 과실과 목재 모두 가치가 높다. 배나무는 자기 뿌리로 온전히 그대로 자라게 두면 엄청나게 크게 자라기 때문에 원하는 크기로 조절하기 위해 접목 방식을 주로 사용한다. '배나무는 후손을 위해 심는다'는 말이 있을 정도로 성장 속도가 매우 더디다. 사과로 사이더 cider 를 만들 듯 배로는 페리 perry 같은 발효 음료나 술을 만든다.

페어 아이엔씨 *Pear Inc.*【줄리엣 해즈 어 건 Juliette has a Gun】
온데르 드 린데 *Onder de Linde*【바루티 Baruti】
지미 추 *Jimmy Choo*【지미추 Jimmy Choo】

사과 APPLE

말루스 도메스티카 *Malus domestica* ― 장미과

향수에서 사과 향은 보편적인 사과 향보다는 '풋사과 향'이나 '달콤하게 졸인 사과 향'처럼 구체적으로 조향한 특정 향으로 묘사된다.

이런 향들은 사과 고유의 특징을 포착해 만든 것이다. 일반적으로 사과는 아삭하고, 신선하고, 달콤한 느낌이 특징이며 향수에서 그 향은 카라멜 같은 달콤함보다는 과일 같은 신선함으로 자주 표현된다.

사과 향을 재현하는 합성 향료는 매우 다양하다. 기본적으로는 과일 향이 중심이지만 거기에 버터 향이나 브랜디 향 등 보조 향이 더해지기도 한다. 이처럼 향기를 구성하는 재료가 다양하다 보니 조향사들은 섬세하고 구체적인 향을 만들 수 있다.

과일 향은 오랜 세월 인기를 끌었다. 하지만 향수에 사용되는 과일 향은 주로 시트러스 계열에만 국한되어 있었다. 그러다가 20세기 말이 되어서야 사과 등의 과일 향이 주목받기 시작했다. 과일 향 인기가 점점 높아지자 향수 업계에서는 과일의 모양을 닮은 향수병을 만들기 시작했다. DKNY와 니나리치 모두 사과 모양 향수병을 선보였다.

사과나무는 카자흐스탄 산악 지대가 원산지인데 점차 온대 기후인 세계 곳곳으로 퍼져나갔다. 오늘날에는 생과용, 사이더 제조용, 요리용 등 수천 종의 사과가 재배되고 있다.

이렇게 다양한 품종의 사과 맛은 유기산인 밀산을 비롯해 당분, 떫은맛을 내는 탄닌 등 화합물의 함량 비율에 따라 달라진다. 예를 들어, 요리용 사과는 디저트용 사과에 비해 유기산 함량이 더 높고 당분 함량은 낮다. 디저트용 사과는 맛과 질감을 모두 고려해 육종된다. 사과는 씨앗부터 심어서 기르면 품종 고유의 특성을 가진 나무로 자라지 않을 확률이 높아서, 보통 가지를 잘라 다른 뿌리줄기에 접목하는 방식으로 재배한다.

비 딜리셔스 *Be Delicious* 【디케이앤와이 DKNY】
보스 *Boss* 【유고 보스 Hugo Boss】
뽐 아모리스 *Pomme Amoris* 【플라스 데 리스 Place des Lices】

무화과 FIGS

피쿠스 카리카 Ficus carica — 뽕나무과 Moraceae

다른 과일 향과 마찬가지로 무화과 역시 과일에서 천연 에센셜 오일을 추출할 수 없다. 대신에 스위스 향수 회사 지보단Givaudan이 개발한 향료 스테몬Stemone™을 비롯해 코코넛, 우디 노트, 기타 향료들을 조합해 무화과 향을 만든다.

오랜 세월 조향사들은 무화과 나뭇잎에서 추출한 천연 앱솔루트를 향수 원료로 사용했다. 무화과 잎은 열매보다 더 쌉싸름한 향이 나는데 이 잎을 석유 에테르로 추출한 뒤 알코올 정제 과정을 거치면 앱솔루트를 얻을 수 있다. 그러나 현재는 여러 국가에서 무화과 잎 앱솔루트 사용을 제한하고 있다. 무화과 잎 앱솔루트에 알레르기를 유발할 수 있는 물질이 들어있기 때문이다. 그래서 현재 향수 업계들은 무화과 향을 합성으로 재현한다.

무화과를 향으로 재현하려면 과즙의 달콤함뿐 아니라 우유처럼 부드러운 느낌(향수 용어로는 락토닉lactonic이라고 한다)을 모두 표현해야 한다. 우유 같은 느낌은 감마 옥탈락톤gamma-octalactone 등의 성분에서 나오는데 이 성분은 복숭아나 망고에 함유된 휘발성 화합물로 코코넛을 떠오르게 하는 크리미한 향을 지니고 있다. 이 성분 때문에 무화과 향은 샌달우드 같이 부드러운 우디 노트와 잘 어울린다.

최근 몇 년 사이 무화과 향이 향수 계에서 주목을 받으면서 여러 향수 브랜드에서 무화과의 감미로운 과일 향을 듬뿍 담은 향수를 내놓고 있다. 지중해의 햇살을 머금은 듯한 이 향수들은 뿌리자마자 마치 따스한 휴양지로 온 듯한 느낌을 준다.

무화과는 뽕나무과에 속하며 무화과가 속한 피쿠스속은 880종 이상의 식물들이 있는 대형 속이다. 세계 여러 지역에 분포해 있으며 특히 열대 지역에 다양한 품종이 있다. 식용 무화과인 피쿠스 카리카는 중동이 원산지로 추정되며 인류가 최초로 재배한 식물 중 하나로 알려져 있다. 무화과나무는 넓게 갈라진 잎사귀 모양이 특징적이다. 이 잎은 아담과 이브 이야기에 등장한 이후(성경 창세기에서 아담과 이브가 선악과를 먹고 자신들이 벌거벗은 것을 깨닫고 부끄러움을 느껴 무화과 잎을 엮어 몸을 가렸다는 내용이 나온다-옮긴이) 르네상스 시대 조각가들의 작품에도 단골 소재였으며, 오랜 세월 '겸손'의 상징이 되어왔다.

아쇼카 Ashoka 【닐라 베르미르 Neela Vermeire】
피그 Fig 【퍼퓨머 에이치 Perfumer H】
트로피카 Tropica 【마야 니에 Maya Njie】

코코넛 COCONUT

코코스 누키페라 *Cocos nucifera* — 야자나무과 *Arecaceae*

부드럽고 달콤하며 크리미한 향의 코코넛은
열대의 상징이다.

코코넛 열매는 과실 겉을 둘러싼 외피와 섬유질의 중과피 조직이 있으며, 그 안에 단단한 껍질인 내과피, 그리고 내과피 안에는 우리가 잘 아는 고소하고 부드러운 과육이 들어 있다.

예전에는 코코넛 과육을 압착한 후 증류해 코코넛오일을 추출했다. 코코넛 앱솔루트는 증류한 에센셜 오일을 알코올로 정제해 추출했다. 그러나 현대 향수 제조에서는 이 두 가지 방식을 거의 사용하지 않는다. 천연 향료가 필요하면 이산화탄소 추출법으로 추출한다.

하지만 오늘날 향수에 사용되는 코코넛 향은 대부분 합성 향이다. 특히 감마-노날락톤 gamma-nonalactone은 강렬한 코코넛 향을 지닌 대표적인 합성 원료다. 흔히 알데하이드 C 18으로도 불리는데 실제로는 알데하이드가 아니라 향수에서 가장 많이 사용되는 락톤 계열 원료다.

코코넛은 크리미한 향을 풍기며 실크처럼 부드러운 느낌도 강약을 달리해 얼마든지 다양하게 구사할 수 있다. 코코넛은 바닐라나 샌달우드 같이 따스하고 감각적인 향과 잘 어울리며 과일 향이나 구어망드 향조에도 잘 어울린다.

키 큰 야자수인 코코넛 나무는 동남아시아의 섬들과 태평양 제도가 원산지이며 육지보다는 습도가 높은 섬 지역 해안가에서 잘 자란다. 코코넛 나무는 버릴 것이 없다. 커다란 열매는 생으로 먹거나, 건조해 먹거나, 코코넛밀크나 코코넛오일로 가공하기도 한다. 특히 코코넛 오일은 포화지방 함량이 높아 상온에서 쉽게 굳는다. 열매 속에는 코코넛워터가 들어있고, 겉 껍질로 만든 거친 섬유질은 토탄 peat(습지 등에서 식물이 분해되어 축적된 유기물로 원예용 배양토로 활용되었다–옮긴이)을 대체할 수 있는 지속 가능한 화분 배양토로 각광받고 있다.

더티 코코넛 *Dirty Coconut* 【에레틱 퍼퓸 Heretic Parfum】
시드니 록 풀 *Sydney Rock Pool* 【아르키스트 Arquiste】
코코넛 선 *Coconut Sun* 【더 세븐 버츄스 The 7 Virtues】

리트세아(메이창) LITSEA

리트세아 쿠베바 Litsea cubeba — 녹나무과 Lauraceae

눈을 감고 리트세아 향을 맡으면 레몬 향과 구분하기 어렵다.
중국에서는 리트세아를 메이창으로 부른다.

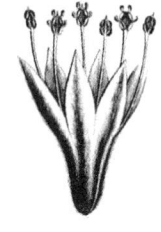

리트세아 에센셜 오일은 후추알갱이처럼 생긴 작은 열매에서 수증기 증류법으로 추출한다. 이 오일은 강렬한 시트러스 향에 은은하게 달콤한 향, 허브 향, 차가운 금속성 향이 더해져 있다. 리트세아 에센셜 오일은 휘발성이 매우 강하며 손에 만져질 듯 입체적이고 생동감 넘치는, 강한 존재감의 향을 풍긴다. 그럼에도 조향사들은 이 휘발성 강한 향을 주로 하트 노트로 사용한다.

리트세아를 두고 흔히 '이국의 버베나' 혹은 '열대의 버베나'라고들 말하지만, 사실 이 식물은 시나몬과 로즈우드와 더불어 녹나무과에 속한다.

에센셜 오일은 연한 노란색이며 추출량이 매우 적다. 주성분인 시트럴^{citral}은 합성 향료 제조에 매우 중요한 원료여서 오일 수율 양을 높이려는 연구가 진행되고 있다.

중국은 리트세아의 가장 큰 생산국이며 중국 전통 의학에서도 리트세아는 복통부터 콜레라에 이르기까지 다양한 질병을 치료하는 약재로 사용되었다.

리트세아는 단순한 향수 원료를 넘어 다양한 식품 향료로도 활용되며 항산화 성분으로도 주목받는다.

리트세아 쿠베바는 녹나무과에 속하는 작은 나무로 네팔과 일본, 인도네시아 남쪽 제도에 이르기까지 동남아시아 일대가 원산지다. 학술명인 쿠베바는 외형이 닮은 큐베브 후추$^{cubeb\ pepper}$에서 유래했지만, 두 식물은 식물학적으로 전혀 연관이 없다. 후추알갱이와 비슷한 외형의 리트세아 열매는 향수에 사용되는 메이창 에센셜 오일을 추출하는 용도로도 사용되고 요리용 향신료로도 사용된다. 에센셜 오일은 모노테르페노이드^{monoterpenoids} 계열의 향 성분이 포함되어 있다.

리트세아 에센셜 오일의 약리적 효능에 대한 의견도 다양하게 제기되지만, 과학적 근거는 적다.

코리앤더 Coriander 【디에스 앤 더가 D.S. & Durga】
메디테라네오 Mediterraneo 【카르투지아 Carthusia】
쁘띠 마탱 Petit Matin 【메종 프란시스 커정 Maison Francis Kurkdjian】

풀
GRASSES

베티버 VETIVER

크리소포곤 지자니오이데스 Chrysopogon zizanioides — 벼과 Poaceae

한때 거의 모든 향수 브랜드에서 섬약한 뿌리를 가진 베티버를
주인공으로 한 향수를 만들던 시절이 있었다.

이 귀한 향 재료는 열대 및 아열대 기후 지역에서 자란다. 향수 역사에서 가장 걸작으로 평가받는 향수들 사이에서 중심 역할을 해 온 베티버가 조연이 아닌 단독 주연으로 등장한 것은 1957년, 카르뱅Carven이 향수 '베티버Vétiver'를 출시하면서부터다.

이어 1961년 겔랑에서 같은 이름의 향수 '베티버'를 내놓으면서 베티버는 남성 향수에서 핵심 원료로 확고하게 자리매김하게 되었다.

베티버 향은 고대부터 이미 사용되었으며 베티버 잎도 주거 공간에 다양하게 활용되었다. 사람들은 베티버 풀을 엮어 발을 만들어 실내 온도를 낮추고, 벌레 유입을 막고, 공간에 상쾌한 향을 더했다.

주로 베이스노트로 쓰이는 베티버는 건조하고 우디한 향에 고급스럽고 따뜻한 분위기를 품고 있다.

식물학적으로 베티버는 벼과에 속하며 수수나 사탕수수와 친척뻘이다. 인도에서 베트남에 이르기까지 아시아 열대 지역이 원산지이지만 지금은 세계 곳곳에서 재배되고 있다. 베티버는 성장 속도가 빠르고 뿌리가 땅속 깊숙이 뻗는다. 베티버의 뿌리도 향수에 활용된다. 베티버의 뿌리는 건조한 뒤 수증기 증류법을 이용해 에센셜 오일을 추출한다. 베티버 향을 이루는 성분은 알파 베티본verivone과 베타 베티본 그리고 쿠시몰khusimol로 세 가지 모두 세스퀴터페노이드sesquiterpenoids 계열의 화합물이다. 이들 성분은 휘발성이 낮아 향수에서 잔향을 오래 남겨 두는 역할을 한다.

베티버 Vétiver 【겔랑 Guerlain】
베티버 Vétiver 【카르뱅 Carven】
크레이지 아워 Crazy Hours 【프랭크 밀러 Frank Muller】

레몬그라스 LEMONGRASS

심보포곤 종 *Cymbopogon species* — 벼과

말라바 그라스Malabar grass 혹은 코친Cochin 그라스로도 불리는 레몬그라스는 향긋한 식물이다. 열대 및 아열대 지역에서 자라며 조향사들은 레몬그라스의 강렬한 시트러스 향으로 향을 만든다.

레몬그라스는 종이 무척 다양한데, 향수에 가장 적합한 품종은 심보포곤 플렉수오스스Cymbopogon flexuosus 종이다. 이 품종의 잎에는 시트랄 성분이 풍부하게 함유되어 있다. 시트럴은 합성 향료를 만드는 주요 성분이기도 하다. 레몬그라스 전체를 향 원료로 사용하더라도 레몬처럼 상큼한 향을 결정짓는 주요 성분은 시트럴이다.

향수 재료로 사용되는 다른 식물들과 마찬가지로 레몬그라스 역시 재배 조건 및 환경의 영향을 크게 받는다. 그중에서도 시트럴은 재배 환경에 가장 민감한 성분이다. 수확 시기, 기후, 토양에 함유된 수분 함유량 등에 따라 에센셜 오일의 시트럴 함유량이 크게 달라진다.

레몬그라스 에센셜 오일은 일반적으로 수증기 증류법으로 추출하는데 다른 방식으로도 추출이 가능하다.

향수에서 레몬그라스는 주로 탑 노트로 사용되며 베르가못 같은 시트러스 계열 과일 향과 잘 어울린다. 꽃 향과도 매우 잘 어울리며 대표적인 특징인 시트러스 향 외에도 은은한 풀내음이나 허브 향을 깔고 사용되기도 한다.

레몬그라스가 속한 심보포곤 속은 아시아, 유럽, 아프리카 등에 분포하며 현재까지 레몬그라스라는 이름으로 팔리는 품종은 53종 이상이다. 이 중 가장 널리 알려진 품종은 씨 시트라투스C. citratus와 씨 플렉수오수스C. flexuosus로 전자는 '서인도 레몬그라스'로(실제로는 아시아가 원산지다) 후자는 '동인도 레몬그라스'로 잘 알려져 있다. 두 품종 모두 식용 가능하며 모두 에센셜 오일을 추출할 수 있다. 레몬그라스 향기의 핵심 성분인 시트럴이 이 식물 특유의 시트러스한 향을 낸다. 또 다른 품종인 씨 나르두스C. nardus에는 시트로넬라 오일 들어 있어서 천연 해충 기피제로도 쓰인다.

레몬그라스 향을 담은 향수들

피에로 *Fiero* 【까사모라티 Casamorati】
런던 1969 *London 1969* 【4160 튜스데이스 4160 Tuesdays】
러브 *Love* 【러쉬 Lush】

허브
HERBS

안젤리카 Angelica

안젤리카 아르칸젤리카 *Angelica archangelica* — 미나리과 *Apiaceae*

조향사에게 안젤리카는 무척 요긴한 재료다. 그 자체로도 고유의 향이 있지만, 잔향을 오래 유지하는 고정제 역할도 하고 다른 여러 향이 조화롭게 어울리도록 돕는 역할도 한다.

안젤리카는 씨앗과 뿌리 모두 향수 원료다. 씨앗은 신선한 풀잎 향인데 대마초 향과도 비슷하다. 첫 향은 다소 날카롭지만, 건조하면 팔각처럼 은은한 향신료 향으로 변한다. 뿌리에서 추출한 오일보다는 우디한 향이나 흙 향이 덜하지만 베이스노트는 비슷하다.

안젤리카 뿌리에서 추출한 오일은 비교적 비싼 편이다. 수증기 증류법으로 추출할 수 있는 오일 양이 적은 데다가 좋은 향을 내려면 2년 이하의 뿌리를 사용해야 하기 때문이다. 안젤리카 뿌리에서 추출한 오일은 씨앗에서 추출한 것보다 품질이 더 뛰어나고 오크모스, 베티버, 파촐리, 일부 허브들과 잘 어울린다. 그래서인지 시프레 계열이나 푸제르 계열 향수에도 자주 등장한다. 안젤리카는 지나치게 튀지 않으면서도 은은한 풀잎 향과 허브 향이 감돌아 전체 향의 톤과 결을 미묘하게 바꾼다.

사람들에게 안젤리카는 디저트에 장식용으로 사용되는 연한 녹색의 설탕 절임으로 더욱 친숙할 것이다. 이 식물은 미나리 과에 속하며 북유럽이 원산지다. 서늘한 기후에서 잘 자라며 그린란드처럼 추운 북부 지역에서는 더 잘 자란다. 하지만 상업용 재배는 주로 유럽 본토에서 이루어진다. 줄기는 생으로 먹거나 설탕에 졸여 먹으며 뿌리와 씨앗은 주류에 자주 사용된다. 인기 높은 술인 진이나 베르무트에서도 핵심 풍미를 담당한다. 안젤리카라는 이름은 그 향이 천사의 숨결 같다고 해서 붙여졌다.

프렌치 러버 *French Lover* 【프레데릭 말 *Frédéric Malle*】
퍼플 피그 *Purple Fig* 【빌헬름 퍼퓨머리 *Vilhelm Parfumerie*】
꼼 데 가르송2 *Commes des Garçons 2* 【꼼 데 가르송 *Commes des Garçons*】

파촐리 PATCHOULI

포고스테몬 카블린 Pogostemon cablin — 꿀풀과 Lamiaceae

19세기, 카슈미르에서 아름다운 양모 숄이 서구 세계로 들어왔다.

이 섬세한 섬유가 좀 먹지 않게 동남아시아산 관목인 파촐리 잎으로 양모를 감쌌다. 덕분에 옷감을 완벽하게 보호했는데 잎의 향기가 워낙 강해서 숄이 도착했을 때는 짙은 흙내음이 옷감에 가득 배어 있었다.

이 숄들은 상류층에서 큰 인기를 끌었고 숄에 묻어온 이국적인 향도 부와 사치의 상징이 되었다. 하지만 얼마 지나지 않아 보헤미안과 창녀들이 가짜 양모 숄을 진품처럼 보이게 하려고 파촐리 오일을 흠뻑 묻혀 향을 내기 시작했고 결국 이 향은 상류층 사회에서 외면당하다가 마침내는 반문화의 상징으로 자리 잡게 되었다.

최근 고고학 연구에 따르면 2천 년 전 로마인의 무덤에서 발견된 연고 단지에서 파촐리 오일의 흔적이 발견되었다고 한다. 1960년대를 풍미한 히피 운동에서 파촐리 향은 히피 문화의 상징으로 받아들여졌고 오늘날까지 가장 많이 사용되는 향료가 되었다.

파촐리 향을 처음 맡으면 나무나 수지에서 추출한 듯한 깊고 우디한 향이 난다. 하지만 파촐리 에센셜 오일은 사실 커다란 잎사귀에서 수증기 증류법으로 추출한다. 이 오일은 고유의 향뿐 아니라 다른 향들을 오래 남게 해주는 탁월한 고정력이 있어 조향사들이 애용하는 재료다.

파촐리는 약 1미터 정도 자라는 다년생 식물이며 민트 계열 식물과 비슷한 톱니 모양의 잎사귀를 하고 있다. 실제로 파촐리는 민트과(꿀풀과)에 속한다. 파촐리는 주로 에센셜 오일을 추출하는 용도로 재배되는데 이 오일에는 세스퀴터페노이드 sesquiterpenoids 계열 화합물들이 들어 있다. 이 계열 화합물 중 하나가 파촐리 캠퍼 patchouli camphor 로도 불리는 파출롤 patchoulol 인데 이 화합물이 파촐리 향의 핵심 성분이다.

예전부터 파촐리 성분을 넣은 오일, 추출물, 차, 약재 등이 감기나 두통, 기타 가벼운 질환을 완화하는 용도로 사용되고 있지만, 과학적 근거는 아직 충분하지 않다.

미스핏 Misfit 【아르퀴스트 Arquiste】
파출리 1969 Patchouli 1969 【메트르 파퓨머 에 갱띠에 Maître Parfumeur et Gantier】
파출리 앙땅스 Patchouli Intense 【니꼴라이 Nicolaï】

민트 MINT

멘타 종 *Mentha species* — 꿀풀과

민트 향은 휘발성이 강해 빠르게 사라진다.

이런 이유로 민트는 향의 첫인상을 유도하는 탑 노트로 주로 사용된다. 향수에 산뜻한 향을 더하는 민트는 시트러스처럼 상쾌하면서도 한층 더 차갑고 시원한 여운을 준다.

민트는 전 세계에서 다양한 품종이 재배되며 에센셜 오일도 매우 저렴한 것부터 눈이 휘둥그레질 정도로 비싼 것까지 천차만별이다. 향수에 가장 많이 등장하는 품종은 페퍼민트와 스피어민트다.

고대 그리스에서는 민트를 '환대의 허브'로 여겼으며 실내 바닥에 민트 잎을 깔아 그 위를 걸을 때마다 민트 향이 공간에 퍼지게 했다고 전해진다.

민트는 일찍부터 향수 원료로 사용되었다고 기록에 남아 있는데, 본격적으로 주목받은 것은 19세기 중반, 프랑스의 겔랑 브랜드가 유제니^Eugénie 황후를 위해 제작한 임페리얼 워터^Imperial Water를 출시하면서부터다. 이 향수는 이후 1974년 '오 드 코롱 임페리얼'이라는 이름으로 새로운 감각으로 재탄생했다.

요즘은 민트가 주로 남성 향수에 사용되지만 겔랑의 '헤르바 프레스카^Herba Fresca' 같은 여성 향수에도 더러 사용된다.

페퍼민트^Mentha x piperita는 워터민트^Mentha aquatica와 스피어민트^Mentha spicata의 교잡종이다. 페퍼민트와 스피어민트는 식품용 향료로 인기가 높으며 껌이나 사탕 등에 널리 사용된다. 또한 민트는 약용으로도 사용된다. 페퍼민트 오일에는 과민 대장 증후군 증상을 완화하는 성분인 멘톨이 들어 있다. 또한 멘톨은 피부에 바르면 온도 감지 수용체에 작용해 시원한 느낌과 함께 가벼운 진통 효과도 준다. 그래서 멘톨은 피부 가려움이나 통증을 완화하는 의약품에도 사용된다.

보헴 *Bohème* 【플라스 데 리스 Place des Lices】
더티 *Dirty* 【러쉬 Lush】
멍뜨 프레슈 *Menthe Fraîche* 【일리 Heeley】

121

바질 BASIL

오시뭄 바실리쿰 Ocimum basilicum — 꿀풀과

조향사는 마치 음악가처럼 각기 다른 향을 섬세하게 조합해 감각적인 교향곡을 만들어 낸다. 그런데 많은 사람들이 잘 모르는 사실이 있다. 하나의 천연 원료도 복합적인 구조로 된 또 다른 조합이라는 사실이다.

향수 산업에서 널리 활용되는 기법으로 '분별 증류법'이 있다. 이는 오일을 여러 성분으로 나누어 정제하거나 특정 성분만 분리해 추출하는 방식이다. 이 증류법 덕분에 허브의 왕으로 불리는 바질은 전체 향을 그대로 사용하기도 하고 일부 성분만 분리해 사용하기도 한다. 예를 들어 특유의 허브향으로 널리 사용되는 리날룰 성분은 바질 에센셜 오일에서 분리해 추출할 수 있다.

'신성한 바질'로 불리는 오시뭄 상크툼 Ocimum sanctum 품종은 예수의 무덤에서 발견되었다는 이야기가 전해지며 이집트 정교회에서는 성수를 만들 때 사용되었다고 한다. 하지만 향수에서 가장 널리 쓰이는 바질은 오시뭄 바실리쿰으로 흔히 '스위트 바질'로 불린다. 이 바질은 더 풋풋하고 달콤한 향을 낸다.

바질은 주로 탑 노트로 사용되지만, 사용량에 따라 잔향이 오래 남기도 한다.

바질 허브는 요리에도 자주 사용된다. 특히 토마토와 파스타 등과 매우 잘 어울리며 바질페스토의 핵심 원료이기도 하다. 우리가 흔히 '스위트 바질'이라고 부르는 바질은 아시아 및 호주 북부의 열대 및 아열대 지역에 자생하는 일년생 식물로 현재는 세계 여러 지역에서 널리 재배되고 있다. 바질은 소화기 질환을 완화하고 이뇨 작용이 있다고 알려져 민간요법으로도 활용되었으며 바질 에센셜 오일은 살균 효과가 있어서 벌레에 물린 곳이나 상처 난 곳에 바르는 용도로도 사용되었다.

라임, 바질 앤 만다린 Lime, Basil & Mandarin 【조 말론 Jo Malone】
오 드 바질리 뿌프르 Eau de Basilic Pourpre 【에르메스 Hermès】
스위밍 풀 Swimming Pool 【비비 Bibbi】

웜우드 WORMWOOD

아르테미시아 앱신시움 Artemisia absinthium — 국화과 Asteraceae

'창조적 영감을 주는 묘약'으로 불리는 웜우드의 핵심 원료는 아르테미시아 앱신시움 품종에서 수증기 증류법으로 추출한다. 이 식물은 압생트 absinthe 술에 풍미를 주기도 한다.

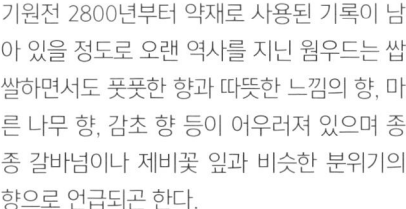

기원전 2800년부터 약재로 사용된 기록이 남아 있을 정도로 오랜 역사를 지닌 웜우드는 쌉쌀하면서도 풋풋한 향과 따뜻한 느낌의 향, 마른 나무 향, 감초 향 등이 어우러져 있으며 종종 갈바넘이나 제비꽃 잎과 비슷한 분위기의 향으로 언급되곤 한다.

웜우드 향은 강렬하기로 유명하다. 그래서 아주 소량만 사용될 것 같지만 웜우드가 향료로 사용된 압생트 술은 문화적 역사도 매우 깊고 논란도 많았던 술이다.(압생트는 한때 예술가들에게 창작의 뮤즈로 불릴 만큼 상징적인 술이었지만 한편으로는 웜우드에 포함된 투존 Thujone이 독성이 있고 환각을 유발한다는 주장과 그렇지 않다는 주장이 맞붙어 논쟁이 일었다-옮긴이) 하지만 조향사들에게 웜우드는 기존 관념을 깨고 끊임없이 영감을 주는 원천이었다. 오늘날 웜우드는 이 전설적인 술의 정수를 상징하는 핵심 재료다.

이탈리아의 조향사 알레산드로 구알티에리 Alessandro Gualtieri가 만든 파격적인 향수 브랜드 나소마토 Nasomatto('미친 코'라는 뜻)에서는 2007년 향수 압생트를 출시했다. 웜우드 에센셜 오일을 주원료로 사용한 이 향수는 업체 설명에 따르면 '히스테리를 일으키고 무책임한 행동을 자극하기' 위한 목적으로 만들어졌다고 한다.

이 식물은 국화과에 속하는 다년생 허브로 타라곤 Artemisia dracunculus과 가까운 식물이다. 특유의 쓴맛은 세스퀴터펜 락톤 sesquiterpene lactones 화합물 때문이다. 웜우드는 압생트 외에도 베르무트 술의 주요 향료로도 사용된다. 웜우드라는 이름은 독일과 프랑스를 거쳐 만들어진 이름이다.(웜우드를 뜻하는 독일어 단어는 Wermut이고 프랑스어는 vermouth이다. 이 단어가 영어로 들어와 vermouth가 되었다-옮긴이) 오랜 기간 유럽 여러 국가에서는 압생트에 환각성과 독성이 있다는 이유로 금지했는데 이는 웜우드에 함유된 화합물 투존 때문이다. 그러나 오늘날에는 환각성과 독성이 잘못된 증류 과정, 불순물, 과다 음용이 실제 원인이었다는 것이 일반적 견해다.

※ 한국의 쑥 학명은 Artemisia indica Willd로 웜우드와 같은 국화과 쑥속 식물이지만 종이 다르다-옮긴이

압생트 Absinth 【나조마또 Nasomatto】
시더우드 압생트 Cedarwood Absinth 【익스페리멘털 퍼퓸 클럽 Experimental Perfume Club】
보헤미안 압생트 Bohemian Absinthe 【레 쐬르 드 노에 Les Sœurs de Noé】

다바나 DAVANA

아르테미시아 팔렌스 *Artemisia pallens* — 국화과

다바나는 수 세기 동안 인도에서 종교의식과 행사에 사용되었다.
주로 샌달우드 근처에서 자라는 꽃의 땅 위에 자라난 부분을
수증기 증류법으로 추출해 오일을 얻는다.

다바나는 강렬한 향을 지닌 원료지만 향수 업계에는 조금 늦게 등장했다. 이전까지는 존재감을 드러내지 못하던 다바나가 조향사들에게 주목받기 시작한 것은 20세기 중반에 들어서였다.

다바나는 과일 향, 술 향, 시럽 향에 살구, 베리, 건포도, 섬세한 허브 향이 특징이다. 다바나 향기에 관한 평가는 사람마다 천차만별이다. 향을 뿌린 사람의 체취나 피부의 화학 반응에 따라 다바나에서 특정 향이 두드러지게 드러난다는 해석도 있다. 그럴싸한 발상이지만 사실은 다바나에 복합적인 향 성분들이 있고 사람마다 특정 향을 더 예민하게 혹은 둔감하게 느낀다고 보는 편이 더 정확하다.

다바나는 희석해서 사용해도 향이 매우 강렬하며 앙브레 계열 향수와 자주 조합해 사용한다. 향을 더 깊고 풍성하게 만들어주기 때문이다.

다바나에 최음 효과가 있다는 설도 있는데, 그래서인지 다바나는 감각적 매력을 강조하는 향수에 자주 사용된다.

다바나는 인도 남부가 원산지이며 아르테미시아 속에 속한다. 아르테미시아라는 학명은 그리스 신화에서 사냥과 자연의 여신인 아르테미스Artemis에서 유래했다. 이 속에 속하는 다른 식물들처럼 다바나에는 세스퀴터펜과 세스퀴터펜 락톤 성분이 풍부하게 함유되어 특유의 향과 쓴맛을 지닌다. 다바나는 대부분 에센셜 오일용으로 재배되며 전통 의학에서는 당뇨병을 다스리는 용도로 사용되었다. 그러나 다바나가 혈당 조절에 효과적이라는 과학적 근거는 없다.

지방시 뿌르 옴므 *Givenchy Pour Homme* 【지방시 Givenchy】
앙브르 티베 *Ambre Tibet* 【메트르 파퓨머 에 갱티에 Maitre Parfumeuret Gantier】
|06 【본 파퓨머 Bon Parfumeur】

토마토 잎 TOMATO LEAVES

솔라눔 리코르페르시쿰 Solanum lycopersicum — 가지과 Solanaceae

향수에서 토마토 잎은 주인공보다는 조연을 자주 맡는다.
하지만 목욕 제품에서는 주인공 역할을 하는 경우가 많다.

토마토 잎 향은 주로 천연 향을 모방한 합성 향을 사용한다. 신선하고 풋풋하며 허브의 향을 지닌 토마토 잎은 상큼한 시트러스 계열 향이나 꽃 향과 잘 어울린다.

토마토 잎 향이 들어간 가장 유명한 향수는 1977년 시슬리 Sysley에서 출시한 오 드 깡빠뉴 Eau de Campagne이다. 이 향수는 재스민과 은방울꽃 그리고 가장 핵심 재료로 토마토 잎 향을 조합해 만들었으며 출시 당시 싱그럽고 풍성한 향으로 획기적이라는 평가를 받았다.

토마토 잎은 주로 베이스노트로 사용된다. 하지만 아닉 구딸이 출시한 향수 '패션 Passion'은 토마토 잎의 산뜻한 향과 과일 향, 초록 잎 향을 탑 노트로 배치하고 오크모스, 바닐라, 파촐리를 따뜻한 분위기의 베이스노트로 활용해 정제된 분위기의 시프레 향수를 완성했다. 아닉 구딸은 뒤이어 토마토 잎을 중심에 둔 '닌페오 미오 Ninfeo Mio'를 출시했다. 이 향수는 레몬 향을 탑 노트에 두고 우디한 향을 베이스노트에 깔았으며 가장 중심에 토마토 잎 향을 배치했다. 에르메스도 엉 자르뎅 쉬르 르 닐 Un Jardin Sur le Nil 향수에서 토마토 잎과 시트러스 향이 완벽하게 조화된 향을 선보였다.

토마토는 남아메리카가 원산지로 감자와 가까운 식물로 덩굴성 식물이다. 토마토의 학명은 그리스어로 '늑대 복숭아'라는 뜻이다.(실제 복숭아 품종이 아니라 과거에는 토마토에 독성이 있다고 생각해 먹음직스럽지만 위험한 열매라는 의미로 늑대 복숭아로 불렀다-옮긴이) 요리에서는 토마토를 채소처럼 취급하지만 식물학적으로는 과일로 분류된다. 다른 가지과 식물들과 마찬가지로 토마토에는 알칼로이드 alkaloids라고 하는 독성 화합물이 함유되어 있는데 이 성분은 주로 잎에 있으며 열매에는 해롭지 않을 정도로 미량만 들어 있다.

오 드 깡빠뉴 Eau de Campagne 【시슬리 Sisley】
에스프리 뒤 루아 Esprit du Roi 【펜할리곤스 Penhaligon's】
리베르테 보헴 Liberté Bohème 【오 페이 드 라 플로르 도랑제 Au Pays de la Fleur d'Oranger】

담배 TOBACCO

니코티아나 타바쿰 *Nicotiana tabacum* — 가지과

담배는 마음속의 심상을 불러일으키는
가장 강렬한 원료가 아닌가 싶다.

이 식물은 물론 흡연용 담배로 가장 유명하다. 그러나 담배는 문화적 뿌리가 깊은 식물이다. 예전부터 북미 원주민들은 담배를 다른 허브들과 함께 종교적 의식과 행사에 사용해 왔다.

우리에게 친숙한 담배 냄새는 내용물을 연소할 때 나는 냄새인데 이 냄새는 향수에 사용되는 담배 향과 많이 다르다. 향수에서 담배 향은 풍부하고 달콤한 향이며, 은은한 바닐라 향과 풋풋한 풀내음, 건초 향을 지니고 있다. 담배는 그 자체로도 중요한 향조이며 까롱 브랜드에서 출시한 타박 블론드 *Tabac Blond*처럼 담배를 주인공으로 하는 향수들 덕분에 대중적 인기를 얻었다. 담배는 향수에서 은은한 분위기를 더하는 용도로 자주 사용되지만 그 향을 정교하게 재현하기는 대단히 어렵다.

연두색의 크고 넓적한 모양의 담뱃잎에는 섬유질이 풍부하게 포함되어 있으며 이 잎을 4~10주 정도 건조하면 우리에게 친숙한 색인 짙은 갈색 잎이 된다. 대부분 식물 원재료가 그러하듯 담뱃잎 역시 열을 가하는 방식으로는 원하는 향을 제대로 추출할 수 없어서 다른 추출법을 적용한다. 담뱃잎을 용매에 담그는 방식으로 추출하면 향이 용매에 서서히 우러나오는데 용매를 제거하면 담배 향을 간직한 '앱솔루트' 혹은 향이 고도로 응축된 물질이 남는다.

가지과 식물인 담배는 남아메리카가 원산지다. 담배의 학명인 니코티아나는 프랑스에 담배 문화를 들여온 외교관 장 니코 Jean Nicot의 이름에서 유래했다. 뒤 이어 그의 이름은 중독성 강한 담배의 성분인 니코닌의 어원이 되었다. 니코틴은 각성제이지만 반복해서 사용하면 내성이 생겨 점점 더 강한 자극을 원하게 만든다. 연초나 파이프에 넣어 피우는 담배 외에도 건조하고 숙성한 잎을 코로 흡입하는 스너프나 입안에 머금고 씹는 담배도 있다.

타박 블론드 *Tabac Blond* 【까롱 Caron】
쟈스맹 에 시가렛 *Jasmin et Cigarette* 【에따 리브르 도랑주 État Libre d'Orange】
페르베르소 *Perverso* 【바루티 Baruti】

고수 CORIANDER

코리앤드럼 사티붐 Coriandrum sativum — 미나리과 Apiaceae

실란트로Cilantro 혹은 중국 파슬리로도 불리는 고수는 향긋한 잎이 가장 상징적인 식물이지만 향수에 사용되는 에센셜 오일은 남동 유럽이 원산지인 고수의 열매에서 추출한다.

고수 열매는 고수 씨라고도 한다. 일반적으로 수증기 증류법을 이용해 연한 노란색 오일을 추출하며 이 오일은 싱그러운 향과 스파이시한 향, 꽃 향을 머금고 있다.

기록에 의하면 고수 씨의 역사는 기원전 5000년까지 거슬러 올라간다. 고대 여러 문화권에서는 고수 씨앗을 강력한 치유제로 여겼다. 이 씨앗에는 휘발성 오일이 거의 없는데 휘발성이 강한 리날룰만큼은 풍부하게 함유하고 있다. 유기화합물인 리날룰은 고수 향의 주요 성분이며 식물이 포식자로부터 스스로 보호하기 위해 분비하는 물질로 알려져 있다. 여러 향수 브랜드에서는 천연 향과 거의 동일한 합성 리날룰을 주로 사용한다.

고수 향은 호불호가 극명하게 갈려서 향수에서 주된 향으로 사용되는 경우는 드물다. 그러나 디에스 앤 더가D.S. & Durga에서 항구 도시 오데사Odessa에 불어오는 지중해 바람의 느낌을 물씬 담아 출시한 향수 '코리앤더Coriander'나 앤디 타우어Andy Tauer에서 고수 씨앗의 향과 어우러진 마그레브 사막의 분위기를 표현한 향수 '레르 뒤 데제르 마로캥L'Air du Désert Marocain'처럼 고수를 인상적으로 해석한 향수도 있다.

미나리과에 속하는 고수는 파슬리와 비슷하게 생겼으며 지중해 동부 연안 국가들이 원산지다. 잎과 줄기는 생으로 먹는데 주로 요리 마지막에 넣어 풍미를 더한다. 잎과 달리 고수 씨는 말려서 사용하며 요리에 사용하면 조리 후에도 향이 강하게 남는다. 생 고수 잎은 좋아하는 사람과 싫어하는 사람이 뚜렷하게 나뉜다. 일부는 고수 맛과 향을 극단적으로 싫어하기도 하는데 이는 유전적 요인과 연관이 있을 수도 있다. 즉, 특정 유전자 때문에 고수 잎에 포함된 화학물질이 마치 세제나 비누 맛처럼 느껴지기도 한다는 의견이 있다.

※ 한국에서는 잎과 줄기는 고수(잎)로, 열매(씨앗)는 고수 씨로 부른다. 미국에서는 우리가 흔히 고수라고 하는 코리앤더coriander는 건조된 열매를, 실란트로는 식물의 잎과 줄기를 의미하지만, 영국 등 유럽과 호주에서는 코리앤더가 잎, 줄기, 열매 모두를 가리킨다. -옮긴이

고수 향을 담은 향수들

코리앤더 Coriander 【디에스 앤 더가 D.S. & Durga】
레르 뒤 데제르 마로캥 L'Air du DésertMarocain 【타우어 Tauer】
No.2 그라운드 No.2 Ground 【가바 Gabar】

로즈메리 ROSEMARY

살비아 로스마리누스 *Salvia rosmarinus* — 꿀풀과

로즈메리는 라벤더의 수줍음 많고 조용한 사촌과도 같다.

라벤더와 마찬가지로 향긋한 허브 향이 있어서 향수에 사용하면 허브 노트를 더해주며 특히 푸제르 계열 향수에서 중요한 역할을 한다. 그러나 단번에 존재감을 드러내는 라벤더와 달리 로즈메리는 향의 중심을 차지하기보다는 한 걸음 뒤에서 전체 향을 은은하게 조율하는 편이다.

로즈메리 향은 수백 년 전부터 활용되었다. 고대 그리스인들은 로즈메리를 향으로 피워 사용했다. 최초로 로즈메리 에센셜 오일을 추출한 것은 15세기며 유럽 최초의 알코올 기반 향수인 헝가리 워터에도 로즈메리가 핵심 향료였다.

로즈메리 에센셜 오일은 잎과 꽃에서 수증기 증류법으로 추출하며 품질을 높이기 위해 꽃과 잎을 손으로 직접 수확한다. 첫 향은 민트 향과 숲 내음이 나는데 싱그러운 향이 증발하고 나면 수지 향과 나무 향이 여운으로 남는다.

이러한 유연성 때문에 조향사들은 향의 여러 단계에서 로즈메리를 다양하게 활용한다. 신선한 허브 향으로 향수의 처음을 여는 탑 노트로도 사용하고 풍부하면서도 차분한 나무 향으로 잔향을 즐기는 베이스 노트로 쓰기도 한다.

학명인 로즈마리누스는 로즈메리의 푸른 꽃에서 착안한 이름으로 '바다의 이슬'이라는 뜻이다. 전통 의학에서는 기억력 향상에 도움을 주는 약초로 쓰였으며, 지금까지 연구에 따르면 로즈메리는 항산화, 항염, 항균 효과가 있다. 오래전부터 로즈메리는 민간요법 분야에서 소화불량 및 식욕 촉진에 사용되었으며 피부에 발라 류머티즘 질환이나 혈액순환 장애를 완화하는 용도로도 사용되었다.

지중해가 원산지인 로즈메리는 향수뿐 아니라 다양한 음식, 소스, 드레싱 등에 풍미를 더하는 요리 재료로도 사용된다.

팬지 *Pansy* 【러쉬 Lush】
스톡홀름 1978 *Stockholm 1978* 【빌헬름 퍼퓨머리 Vilhelm Parfumerie】
쿨 워터 리본 *Cool Water Reborn* 【다비도프 Davidoff】

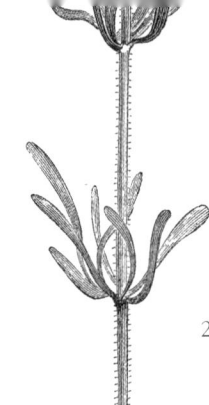

라벤더 LAVENDER

라반둘라 앙구스티폴리아 Lavandula angustifolia — 꿀풀과

라벤더 오일은 향수 시장에서 가장 많이 사용되는 재료 중 하나다. 2027년까지 그 시장 규모는 약 4,700만 달러에 이를 것으로 보인다.

라벤더가 큰 사랑을 받는 이유는 진정과 치유의 이미지 때문일 수도 있고, 수백 년간 대중문화에서 자리 잡은 상징적 존재감 때문일 수도 있다. 어쩌면 민트 가족으로 꽃을 아낌없이 많이 피는 너그러움 때문일 수도 있다.

라벤더 에센셜 오일은 수증기 증류, 수분 증류, 용매 추출 등 여러 방식으로 추출할 수 있으며 추출 방식에 따라 오일의 형태와 향이 달라진다.

'진짜' 라벤더로 인정받는 품종은 라반둘라 앙구스티폴리아Lavandula angustifolia(L. officinalis와 동의어)로 주로 프랑스 남부의 고지대에서 재배하며 일부 다른 나라에서도 재배한다. 꽃 향과 허브 향이 매혹적으로 조화를 이룬 이 품종은 최고의 품질로 평가받는다. 일반적으로 고도가 높을수록 향이 더욱 깊어진다고 알려져 있다.

가장 대중적인 품종은 라반딘Lavendin인데 이 품종은 라반둘라 앙구스티폴리아와 라반둘라 라티폴리아L. latifolia의 교잡종이다. 상쾌한 향이 강하고 오일도 더 많이 추출할 수 있지만 품질은 앙구스티폴리아 고유 품종보다 낮은 편이다.

라벤더는 로마 시대 목욕용으로 사용되었다. 라벤더라는 이름도 라틴어로 '씻다'는 의미의 라바레lavare에서 유래했다. 전통 요법에서 라벤더는 수면 장애를 포함한 불안 장애를 완화하는 약초로 사용되었으며 지금도 숙면을 돕는 허브 베개의 충전재로 자주 사용된다. 실제로 라벤더 향을 맡으면 긴장이 완화되고 수면의 질이 개선된다는 연구 결과가 있다. 또한 이 오일은 해충방지제로도 사용된다. 프랑스, 이탈리아, 스페인이 원산지인 라벤더는 아이스크림, 잼, 식초 등에 풍미를 더하는 요리 재료로 활용될 뿐 아니라 방향제로도 활용된다.

뿌르 언 옴므 드 까롱 Pour un Homme de Caron 【까롱 Caron】
지키 Jicky 【겔랑 Guerlain】
와일드 라벤더 Wild Lavender 【로렌조 빌로레시 Lorenzo Villoresi】

레몬밤 LEMON BALM

멜리사 오피키날리스 *Melissa officinalis* — 꿀풀과

레몬밤은 수면의 질 개선과 스트레스 완화에 효과적인 허브로 알려져 있다. 멜리사^{Melissa}라는 이름으로도 불리는 레몬밤은 가볍고, 맑은 향뿐 아니라 민트 향과 허브 향이 어우러져 있다.

레몬밤은 '기쁨의 허브'라고들 한다. 말린 레몬밤이 우울증 완화에 효과적이라고 알려져 있기 때문이다.

수확한 레몬밤은 일반적으로 수증기 증류법으로 오일을 추출한다. 레몬밤은 약하고 예민한 식물이어서 수확하자마자 곧장 증류 과정을 거쳐야 한다. 하지만 수증기 추출법으로 얻을 수 있는 오일은 지극히 소량이어서 노동력이 많이 들고 값도 비싸다. 이런 이유로 향수에서는 레몬과 버베나 같은 원료를 섞어 레몬밤 향을 만드는데 이렇게 재구성한 향은 천연 레몬밤 향과 거의 똑같다. 향수는 주로 오 드 코롱으로 만들며 레몬밤은 상큼하고 생기 있게 향기의 첫 문을 여는 탑 노트로 사용된다.

런던의 명소 컬럼비아 로드^{Columbia Road}에서 독립 향수 브랜드를 운영하는 조향사 안젤라 플랜더스^{Angela Flanders}는 1370년에 만들어진 향수 '헝가리 워터'를 재해석한 향수를 만들었는데 그 중심에 레몬밤을 두었다.

예전부터 레몬밤은 마음을 진정시키고, 소화를 돕고, 편두통 및 우울 증상을 완화하는 약초로 사용되었다. 또한 장수와 기억력 향상에 도움이 되는 식물로도 칭송받았다. 18세기 식물학자 존 힐^{John Hill}은 레몬밤을 신경 및 정신 질환과 위장 질환에 효과적인 식물이라고 했으며 16세기 의사 파라셀수스^{Paracelsus}는 레몬밤을 '생명의 묘약'이라고 했다. 레몬밤 오일은 레몬 향이 나는데, 이 오일이 불안을 완화하고, 항바이러스 효과와 벌레 퇴치 기능이 있다고 알려지면서 주목받고 있다. 또한, 요리 재료 및 샤르트뢰즈^{Chartreuse}(수도승들이 허브로 제조한 약용 허브 술—옮긴이) 같은 술의 재료로도 사용된다.

아틸러리 №3 *Artillery No. 3* 【헝가리 워터 Hungary Water】
안젤라 플랜더스 *Angela Flanders* 【아쿠아 콜로니아 멜리사 앤 버베나 Acqua Colonia Melissa & Verbena, 4711】
쿠엔토스 데 라 셀바 *Cuentos de la Selva* 【푸에기아 1833 Fueguia 1833】

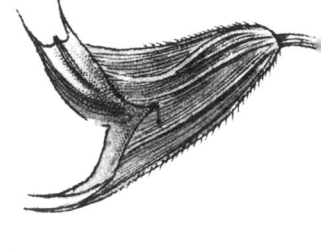

클라리 세이지 CLARY SAGE

살비아 스클라레아 *Salvia sclarea* — 꿀풀과

향수에 자주 사용되는 클라리 세이지 오일은
살비아 스클라레아의 꽃줄기에서 얻는다. 오일 추출법은 다양하며
추출법에 따라 달콤하면서도 허브 향을 담은 에센셜 오일로도,
진한 담배 향이 나는 앱솔루트 형태로도 추출할 수 있다.

클라리 세이지는 약 4세기부터 민간요법에 활용되었으며 고대 로마인들은 이 식물을 최음제로 여겼다. 클라리Clary라는 이름은 '명료한'을 의미하는 라틴어 '클라루스clarus'에서 유래했다. 이 때문에 클라리 세이지 향은 종종 '명료함의 향기'로도 불린다.

클라리 세이지에는 유기 화합물인 스클라레올Sclareol이 함유되어 있는데 이 화합물은 앰브록사이드ambroxide라고 하는 물질로 합성할 수 있다. 앰브록사이드는 '앰브록산'이라는 이름으로 더 잘 알려져 있는데, 오늘날 향수 업계에서는 용연향의 대체제로 활용한다.

용연향은 향유고래의 소화기관에서 만들어지는 부산물로 워낙 희귀하다 보니 바다 위를 떠다니는 황금이라는 별명도 붙었다. 용연향은 해변에 떠밀려 온 것을 우연히 발견하지 않으면 만날 수 없으며 인공적으로는 생산할 수 없어서 가격이 상당히 비싸다. 그래서 앰브록사이드는 용연향을 재현하고자 하는 조향사들에게 매력적인 대체제일 수밖에 없다.

클라리 세이지 오일은 강하지도 약하지도 않은 중간 정도 휘발성을 가지고 있으며 향수의 하트 노트로 주로 활용된다. 꽃향기와 나무 향과 조합하면 자연스러운 분위기를 더해주며 다른 향의 특성을 조율하는 보조 향 역할로도 적합하다.

학명인 살비아는 '건강함'을 의미하는데 아마도 전통 의학에서 살비아 종 식물들이 약초로 사용되었기 때문일 것이다. 클라리 세이지는 예전부터 소화 장애, 잇몸 염증, 신경 안정, 기력 회복 등을 위한 약초로 사용되었으며 '머스카텔 세이지muscatel sage' 혹은 '클리어 아이clear eye'로도 불렸다. 이 식물이 한때 눈 염증을 다스리는 약초로 쓰여서 비롯된 별칭이다.

컬러 드림즈 *Color Dreams* 【프랭크 밀러 Frank Muller】
1872 매스큘린 *1872 Masculine* 【클라이브 크리스찬 Clive Christian】
헤이즈 *Haze* 【아크로 Akro】

대마초 CANNABIS

삼속 Cannabis sativa — 삼과 Cannabaceae

향수에 대마를 사용한다고 하면 저급한 상술처럼 보일지도 모른다. 실제로 일부 브랜드들은 대중의 이목을 끄는 수단으로 대마를 이용하기도 한다. 그런데 최근 몇 년 사이 대마가 단순히 자극적인 상업 전략 요소가 아닌 향수 원료로서도 주목받고 있다.

향수에 사용되는 대마는 향 정신적 속성과는 상관이 없다. 향수에서 대마의 사용 목적은 오직 향기 그 자체에 있다. 심지어 탄 냄새나 거친 느낌을 내는 용도도 아니다. 오히려 대마는 싱그러운 풀 내음과 흙 내음, 가벼운 꽃 향, 약간의 산미, 은은한 연기 내음을 머금고 있다.

대마가 향수 시장에서 주목받게 된 데에는 두 가지 주요 흐름이 있다. 첫째 흐름은 니치 향수 시장의 성장이다. 향수 브랜드들은 아방가르드 한 향을 만들어 기존의 대중적 취향의 제품과는 차별화된 향을 통해 사람들의 관심을 끌려는 시도를 하고 있다. 둘째는 풍성한 향을 선호하는 소비자층이 성장하고 있다는 점이다. 특히 시중에서 쉽게 접할 수 있는 향보다는 정교하고 복합적인 향을 추구하는 사람들이 늘고 있다. 여기에 더해 CBD(칸나비디올, 대마에 함유된 성분)의 의학적 치유 효과가 알려지면서 향수뿐 아니라 뷰티 산업 전반에서 대마의 활용이 더욱 확대될 전망이다.

대마는 향정신성 물질로 유명하며 이 때문에 대마의 사용은 많은 나라에서 규제를 받고 있다. 하지만 대마에 함유된 특정 성분들은 다발성 경화증이나 일부 발작 및 경련 증상을 치료하는 의약품으로 개발되었다. 대마 성분 중 하나인 델타-9-테트라하이드로칸나비놀(Δ^9-THC)은 암 화학요법에 수반되는 메스꺼움 및 구토를 완화하는 약물 개발에도 활용되었다. 또한, 예전부터 대마는 섬유 원료로 재배되어 옷감이나 밧줄을 만드는 데 사용되었으며 대마씨에서 추출한 오일은 화장품, 식품, 바니시(목재 코팅제-옮긴이) 등에도 사용된다.

잭 Jack 【리처드 E. 그랜트 Richard E. Grant】
데지르톡식 DesirToxic 【파르팡 엠 미칼레프 Parfums M. Micallef】
블랙 아프간 Black Afgano 【나소마토 Nasomatto】

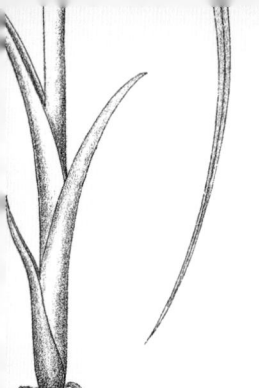

사이프리올 CYPRIOL

사이페루스 종 *Cyperus spp.* — 사초과 *Cyperaceae*

사이프리올(혹은 나가르모타 nagarmotha)은 베티버처럼 휘발성이 강하고 짙은 나무 향을 낸다.

흙내음과 강한 지속력이 특징인 사이프리올은 파촐리나 희귀한 원료인 천연 우드 oud의 대체재로 자주 활용된다. 사이프리올은 향이 짙고 풍부하며 전체적으로 나무 향과 약간의 후추 향, 흙 냄새와 가죽 냄새가 은은하게 느껴진다.

보통은 베이스 노트로 쓰이며 장미나 재스민 같은 꽃 향과 베르가못 향, 나무 향과 잘 어울린다. 농도가 짙어지면 건조하면서도 가벼운 향신료 향이 탑 노트로 올라와서 다소 생경한 느낌을 줄 수도 있는데 시간이 지나면서 점차 향이 균형을 이루면서 안정적인 잔향을 남긴다.

톰 포드는 향수 '톰포드 포 맨'에서 사이프리올을 처음으로 향수에 도입했다고 주장하지만 여기에는 이견도 있다. 톰포드 포 맨보다 12년 전에 출시된 이세이 미야케의 로 디세이 뿌르 옴므 L'Eau d'Issey Pour Homme에 이미 사이프리올이 베이스노트로 사용되었다고 주장하는 이들도 있기 때문이다. 하지만 이세이 미야케의 향수에 사용된 사이프리올의 출처는 불분명하다.

사이프리올 에센셜 오일은 사초과 식물, 특히 사이페루스 아르티쿨라투스 Cyperus articulatus와 사이페루스 스카리우수스 Cyperus scariosus의 뿌리에서 추출한다. 다만 제조업체가 사용하는 정확히 어떤 종을 사용했는지에 관해서는 분류학적으로 혼란스러운 부분이 많아서 명확하지 않을 수 있다. 이 사초류 식물은 잎이 풀처럼 생겼으며 고대 이집트에서 종이로 사용했던 파피루스와 가까운 계통의 식물이다. 이들 식물에서 추출한 오일에는 세스퀴터페노이드 sesquiterpenoid가 풍부하다. 사이페루스 아르티쿨라투스는 범열대성 식물로 남아메리카, 아프리카, 남아시아, 북호주 전역에 분포한다.

헤로즈 아우드 *Harrods Aoud* 【로자 퍼퓸 Roja Parfums】
시메트리 *Symmetry* 【사라 베이크 Sarah Bake】
톰포드 포 맨 *Tom Ford for Men* 【톰포드 Tom Ford】

타임 THYME

티무스 불가리스 *Thymus vulgaris* — 꿀풀과

타임은 200종이 넘지만 요리와 향수에 사용되는
품종은 몇 안 된다.

타임 품종 중 향수에 가장 널리 사용되는 종은 티무스 불가리스(일반 타임)와 티무스 지지스 *Thymus zygis*(화이트 타임 혹은 스페인 타임)이다.

타임 오일은 주로 말린 잎에서 수증기 증류법으로 추출한다. 고급 향 오일을 찾는 조향사들은 타임 고유의 향을 좌우하는 화합물 타이몰 thymol 함량이 풍부한 오일을 선호한다. 품질 좋은 타임 오일은 허브향과 나무 향, 향신료 향에 쌉싸름하면서도 은은한 약초 향이 감돈다. 이런 타임 오일은 향이 풍부하고 나무 향이 짙어서 조향사들에게 매력적인 원료다.

타임의 상쾌하면서도 우디한 향은 푸제르 계열과 시프레 계열 향수에 자주 사용되며 로즈메리나 라벤더 같은 허브 향은 물론 파촐리 같은 원료와도 잘 어울리고 향에 건조한 분위기를 더한다. 특히 푸제르 계열 향수에 타임 향이 곁들여지면 싱그러운 향이 더욱 풍부해진다. 타임 향은 싱그러움과 우디함 외에도 은은한 가죽 향도 지니고 있다.

타임은 아관목(뿌리와 줄기는 나무와 비슷하고 잎과 꽃이 달리는 가지 부분은 풀과 비슷한 식물-옮긴이)으로 여름에 흰색과 연보라색 꽃을 피운다. 원산지는 유럽 남서부 지역으로 중세부터 식용으로 재배되었다. 고대 이집트에서는 미라를 방부처리 하는 용도로 사용했을 정도로 오래전부터 타임의 살균 및 방부 효과가 높이 평가 받았다. 전통 의학에서는 기침과 감기를 완화하는 약초로도 쓰였다. 그뿐 아니라 타임 에센셜 오일과 오일 함유 성분인 타이몰은 구강청결제 및 치약 재료로 사용되고 있다. 연구에 따르면 타임 추출물과 오일은 실제로 항균, 항진균, 항염 효과가 있다.

인베이전 바바르 *Invasion Barbare* 【MDCI】
카우보이 그라스 *Cowboy Grass* 【디에스앤더가 D.S. & Durga】
오에도 *Oyédo* 【딥디크 Diptyque】

식물의 수지
RESINS

오포포낙스 OPOPONAX

코미포라 종 Commiphora species — 감람나무과 Burseraceae

'스위트 미르'로도 불리는 오포포낙스는 몰약과 유사한 액을 분비하는 나무에서 얻은 고무액이다. 몰약처럼 액체 향이 풍부하지만 몰약보다 훨씬 부드럽고 발삼 잔향이 남는다.

오포포낙스 액은 나무껍질과 목질부 사이의 틈에 눈물 모양으로 맺히는데 주로 껍질을 절개해 채취한다. 짙은 오렌지색의 오포포낙스 수지는 고대부터 향으로 사용되었으며 솔로몬 왕이 특히 이 향을 좋아했다고 전해진다.

오포포낙스 에센셜 오일은 수증기 증류법으로 추출하는데, 원료 선별 과정도 신중해야 하고 채취 및 가공 과정도 까다롭다. 작은 실수만으로도 품질에 큰 영향을 주기 때문에 이 오일을 다루려면 숙련된 기술이 필요하다. 다른 향들과 조합하는 조향 과정도 꽤 까다로운 편이다. 시트러스 계열부터 과일 향, 꽃 향 등 다른 향조와 잘 어울리지만, 특유의 강렬함과 지배적인 향 때문에 다른 향을 압도하지 않도록 세심하게 절제해서 사용해야 한다.

향수에서 오포포낙스는 하트 노트나 베이스 노트로 사용되며, 맛있게 느껴지는 구어망드 향조도 있어서 앰버 향과 완벽하게 어울리며 겔랑의 샬리마Shalimar, 디올의 쁘아종Poison, 이브 생 로랑의 오피움 같은 클래식한 향수에서 핵심 향으로 사용되었다.

이름은 오포포낙스이지만 실제로는 미나리과인 오포파낙스Opoponax 속 식물이 아니라 몰약나무Commiphora myrrha와 식물학적으로 가까운 관계인 비사볼 나무bisabol tree(코미포라속 식물)에서 채취한다.

정확히 어떤 품종에서 채취하는지는 명확하지 않지만, 아프리카 뿔 지역(아프리카 대륙 북동부에 튀어나온 지역으로 소말리아 및 그 인근 지역-옮긴이)에서는 코미포라 기도티아이Commiphora guidottii와 코미포라 카타프C. kataf 두 식물에서 모두 액체를 채취하며 모두 오포포낙스라는 이름으로 시장에 내놓았다. 이 액에서 수증기 증류법을 통해 에센셜 오일을 얻는다. 비스아볼 나무는 극도로 뜨겁고 건조한 소말리아의 땅에서 자란다. 오포포낙스라는 이름은 그리스어로 '만병통치약'이라는 뜻이다.

샬리마 Shalimar 【겔랑 Guerlain】
이스탄불 Istanbul 【갈리반트 Gallivant】
쁘아종 Poison 【디올 Dior】

벤조인 BENZOIN

스타이락스 종 *Styrax species* — 때죽나무과 *Styracaceae*

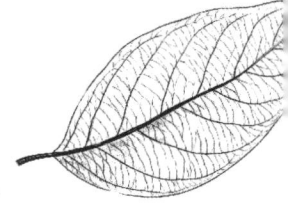

벤조인은 때죽나무과 나무껍질에서 추출한 검은 수지로, '벤조인의 눈물'이라고도 한다. 이 수지는 공기와 닿으면 빠르게 굳어 단단하고 부서지기 쉬운 짙은 주황색 암석 조각처럼 변한다.

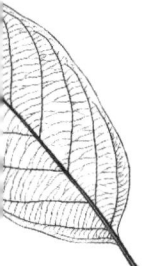

벤조인은 '발삼' 수지류에 속한다. 발삼 계열 수지는 우드^{oud}나 랍다넘^{labdanum} 같은 수지와는 달리 계피산(신남산)^{Cinnamic acid}과 벤조산^{Benzoin acid}을 다량 함유하고 있다. 이 성분 때문에 발삼 수지는 다른 수지에 비해 향이 훨씬 부드럽다. 향수에서 '발사믹'이라는 단어가 부드러운 향을 묘사하는 데 사용되는 것도 이 때문이다.

향수를 제조할 때 가장 많이 사용되는 벤조인은 '벤조인 시암^{Benzoin Siam}'이다. 시암이라는 이름은 태국의 옛 이름에서 유래했다. 추출된 벤조인 시암은 품질에 따라 등급이 매겨지는데 품질이 좋을수록 향이 풍부하고 알코올에 잘 용해된다.

벤조인 시암의 향은 달콤하면서도 따스한 느낌을 주며 향이 풍부하고 개성이 강하다. 바닐라 향과도 비슷한 면이 있지만 미묘하게 톡 쏘는 매캐한 향이 있으며 향을 지속시키는 효과가 있어서 향 고정제로도 활용되고 앰브레 계열이나 구어망드 계열 향수에서도 중요한 비중을 차지한다.

벤저민으로도 불리는 벤조인은 향에서도 중요한 역할을 하지만 약리적 효능으로도 가치가 높다. 상업적으로 재배하는 종은 주로 스타이락스 벤조인과 스타이락스 톤키넨시스^{Styrax tonkinensis} 두 품종이다. 오늘날에도 벤조인은 알코올에 용해한 액상 약물로 사용되며, 상처에 바르거나 코막힘이나 코 관련 질환에 흡입해서 치료하는 약으로 사용된다. 벤조인 액의 이름을 딴 벤조산은 일부 약제에서 주요 성분으로 활용된다.

다만 주의할 점이 있다. 스타이락스라는 속 이름은 이 속 식물과 전혀 관련이 없는 다른 식물에서 얻는 또 다른 액 이름에도 사용된다.(149쪽, 스타이락스 항목 참조)

타클라마칸 *Taklamakan* 【스테판 옴베르 루카 Stéphane Humbert Lucas】
윈 뉘 마그네띠끄 *Une Nuit Magnétique* 【더 디퍼런트 컴퍼니 The Different Company】
팔콘 레더 *Falcon Leather* 【마티에르 프리미에르 Matiere Premiere】

갈바넘 GALBANUM

페룰라 구모사 Ferula gummosa — 미나리과 Apiaceae

갈바넘은 다양한 페룰라 식물의 뿌리에서 채취한 올레오 검$^{oleo\text{-}gum}$ 수지다.
페룰라 식물들은 세계 여러 나라에서 야생으로 자라며
상업적으로는 경질과 연질 두 가지 형태로 유통된다.

이중 향수에 사용되는 것은 연질 갈바넘이다. 갈바넘의 수지는 '검'이라 불리기는 하지만 실제로는 꿀처럼 점성이 있는 액체에 가까우며 풀냄새와 흙냄새에 연한 나무 향을 품고 있다. 수증기나 물로 증류하면 마치 숲속에 와 있는 듯한 향을 낸다.

갈바넘 레지노이드^{resinoid}(식물에서 나오는 수지 성분을 휘발성 용매로 추출해 만든 반 고체 혹은 반 액체 상태의 점성 강한 물질—옮긴이)는 향 고정력이 탁월하며 다른 그린 노트에 비해 상대적으로 향이 빠르게 부드럽게 정돈된다.

갈바넘이 향수에서 중심에 사용되는 경우는 드물지만, 간혹 주인공이 되기도 한다. 샤넬의 창립자인 코코 샤넬의 생일을 기념해 만든 향수, '샤넬 No.19'는 이란산 갈바넘을 중심에 둔 향수다. 하지만 1970년대 후반 이란 혁명 이후 재료 수급이 불가능해지면서 샤넬 No.19는 향을 전면적으로 재구성했다.

그 후 2010년에 갈바넘을 사용한 주목할 만한 향수가 나왔다. 패션 브랜드 메종 마르지엘라에서 처음 출시한 향수 언타이틀드^{Untitled}에서도 갈바넘이 핵심 원료로 사용되었다.

미나리과에 속하는 페룰라 속에는 220여 종 이상의 식물이 있다. 속명인 페룰라는 막대기를 의미하는 라틴어 'rod'에서 유래했다. 과거에 속이 빈 길쭉한 형태의 페룰라 식물 줄기를 회초리로 사용한 데서 비롯된 이름이다. 이 속에는 페룰라 푸에티다$^{F. foetida}$도 있는데, 이름에서 유추할 수 있듯 이 식물은 지독한 악취를 풍기는 수지인 아사페티다^{asafoetida}를 분비한다. 하지만 놀랍게도 페룰라 푸에티다도 향신료로 사용된다.

과거에는 약용 식물로도 사용되었던 갈바넘은 이제 향수 및 식품 향신료 분야에만 사용된다. 수지에서 증류한 에센셜 오일은 피넨^{pinene}과 모노테르페노이드^{monoterpenoid} 계열 화합물을 풍부하게 함유하고 있다.

※ 올레오는 휘발성 오일,
검은 점성이 있는 수용성 검질을 말한다—옮긴이

언타이틀드 (untitled) 【메종 마르지엘라 Maison Margiela】
No.3 스윔 No.3 Swim 【가바 Gabar】
파노라마 Panorama 【올팩티브 스튜디오 Olfactive Studio】

미르 MYRRH

코미포라 미르라 Commiphora myrrha — 감람나무과

미르는 향수 역사상 가장 오래된 원료로 꼽힌다.
미르는 올레오 검 수지, 즉 식물에서 분비되는 휘발성 오일과
검질 성분, 수지 물질이 혼합되어 있다.

미르의 수지는 코미포라 속 여러 나무줄기에서 추출한다. 자연스럽게 흘러내린 미르의 수지를 채취하기도 하고 줄기에 작은 상처를 내 눈물처럼 맺힌 수지를 채취하기도 한다. 이렇게 채취한 수지는 불순물을 제거한 후 여러 형태로 가공해 사용한다. 미르는 부드러우면서도 달콤한 수지 향에 스모키 향이 은은하게 감돌아 프랑킨센스와 벤조인을 떠올리게 한다.

대중문화에서 미르가 가장 크게 주목받은 것은 이브 생 로랑에서 1977년 출시한 '오피움 Opium' 향수에서였다. 하지만 오피움은 출시되자마자 논쟁에 휩싸였다. 아편을 의미하는 향수 이름 탓에 판매 금지를 내린 국가도 많았다. 격렬한 논쟁이 일기도 했지만, 오히려 이 소란 덕분에 오피움은 더 큰 인기를 얻으면서 매장에 향수가 진열되자마자 몇 시간 만에 품절되기 일쑤였고 출시 9개월 만에 매출 300만 달러를 돌파했다.

미르는 화려한 향의 앰브레 계열 향수에 자주 쓰인다. 풍부하고 복합적인 향은 베이스 노트로 사용되며, 잔향을 오래 남기는 지속력도 탁월하다.

성경에 나오는 동방박사 이야기에 등장하는 세 가지 예물 중 하나로도 유명한 미르는 종교뿐 아니라 문화적, 의학적 용도로도 역사가 깊다. 오늘날에도 향을 피우는 재료로 많이 사용된다. 미르 나무 원산지는 아프리카 뿔 지역과 아라비아반도 남부이다. 극심한 더위와 건조한 환경도 버티는 강인한 생명력의 미르 나무지만 그 미래는 불투명하다. 아직 완전하게 평가되지는 않았지만 코미포라 속 많은 식물이 무분별한 채취와 가축의 과도한 방목, 기후 문제로 인한 사막화 등으로 개체수가 감소 추세에 있기 때문이다.

오피움 Opium 【이브 생 로랑 Yves Saint Laurent】
앙브르 미티크 Ambre Mythique 【마뜨르 파퓨뫼 에 걍띠에 Maître Parfumeur et Gantier】
골드 우먼 Gold Woman 【아무아쥬 Amouage】

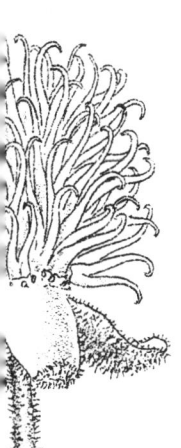

스타이락스 STYRAX

리퀴담바르 종 Liquidambar species — 알팅기아과 Altingiaceae

'스토락스storax'라고도 하는 스타이락스는 리퀴담바르 종 나무줄기에서 추출한 발삼성 수지다. 주로 가장 대표적인 두 품종에서 수지를 추출하며 품종에 따라 추출 방식도 다르다.

그중 하나는 리퀴담바르 오리엔탈리스L. orientalis로 터키 아나톨리아 서부 해변 및 로도스 같은 섬들에서 자란다. 이 나무에서 수지를 얻으려면 병리적 삼출pathological exudation 방식으로 수지를 추출한다. 나무에 상처를 내면 껍질 안쪽에 변재라고 하는 희고 무른 부분이 있는데 이곳에서 흘러나오는 끈적하고 향기로운 수지를 긁어모으는 방식이 병리적 삼출법이다.

다른 하나는 리퀴담바르 스티라키플루아L. styraciflua로 미국 동부에서 중앙아메리카 남부 지역(특히 온두라스, 과테말라, 멕시코)에 걸쳐 자생한다. 이 품종에서는 자연적으로 분비되는 수지를 채취한다.

스타이락스는 종종 벤조인과 혼동되기도 한다. 벤조인 수지를 스타이락스 벤조인에서 얻기 때문에 생기는 혼동이다.(145쪽 참조) 하지만 벤조인이 짙고 고급스러운 향이라면 스타이락스는 풍성한 향에 라일락, 히아신스, 카네이션 같은 플로럴 탑 노트가 더해진 향이다. 그래서 스타이락스는 플로럴 계열 향수와도 잘 어울린다.

스타이락스는 향을 구성하는 데 있어서 중요한 원료이지만 호불호가 분명한 향이라 중심에 배치되는 경우는 드물다. 하지만 스타이락스 수지를 주인공으로 내세운 향수들도 있다. 헤드스페이스Headspace에서 출시한 스타이락스Styrax와 메종 마르지엘라에서 내놓은 레플리카 재즈 클럽Replica Jazz club이 그렇다.

라퀴담비르 속 나무는 현재 알팅기아과에 속하는 유일한 식물이다. 과거에는 조록나무과Hamamelidaceae로 분류되었지만 유전자 비교 연구를 한 결과 이 속의 나무가 조록나무과와 생각보다 훨씬 더 먼 관계임이 밝혀지면서 새로운 과로 재분류된 것이다. 스타이락스 수지에서 처음 발견된 화합물인 스타이렌styrene은 스티로폼의 주성분인 플라스틱 폴리스타이렌(스티로폼의 주성분)의 출발점이 된 물질이다.

스타이락스 Styrax 【헤드스페이스 Headspace】
그단스크 Gdańsk 【갤러번트 Gallivant】
레플리카 재즈 클럽 Replica Jazz Club 【메종 마르지엘라 Maison Margiela】

프랑킨센스 FRANKINCENSE

보스웰리아 종 Boswellia species — 감람나무과 Burseraceae

올리바넘^{Olibanum}으로도 불리는 프랑킨센스는 보스웰리아 속 나무에서 채취되는 수지다. 중동과 북아프리카 일대에서 약 5,000년 동안 거래되던 향료로 오랜 세월 종교 제례나 의식에 사용되었다.

프랑킨센스로 더 잘 알려진 이 천연 올레오 검 수지는 수령 8~9년 정도 된 나무의 껍질에서 천천히 흘러나온다. 이 수지의 품질을 판별하고, 증류에 적합한지를 선별하려면 고도로 숙련된 경험자가 필요하다. 겉만 봐서는 최상의 품질을 판별하기 어렵기 때문이다.

프랑킨센스는 부드러운 수지 향에 싱그러운 향이 어우러져 있으며 과일 향 탑 노트까지 더해져 다양하게 향을 조합하는 원료로 사용된다. 앱솔루트가 알코올을 이용해 추출하고 향을 피우는 듯한 분위기라면 에센셜 오일은 수증기 증류법으로 추출하고 앱솔루트보다 더 밝고 명료한 향이다.

어떤 방식으로 추출하든 프랑킨센스는 다른 향들을 안정감 있게 고정해 주고 지속력을 높여주어 주로 베이스노트와 향 고정제 역할을 한다.

특히 휘발성 강한 재료들을 안정감 있게 눌러주면서도 자체 향이 튀지 않아 시트러스 계열처럼 싱그러운 향의 베이스 노트로 자주 활용된다.

성경에 나오는 동방박사의 세 가지 선물 중 하나로도 잘 알려진 프랑킨센스는 교회에서 의식에 피우는 향 재료로 널리 사용될 뿐 아니라 예전부터 세계 각지에서 전통 의학 재료로도 사랑받았다. 상업적으로 재배하는 보스웰리아 종에는 보스웰리아 사크라$^{B.\ sacra}$, 보스웰리아 프레레아나$^{B.\ frereana}$ 보스웰리아 파피리페라$^{B.\ papyrifera}$ 등이 있으며 대부분 아프리카 뿔 지역과 아라비아반도 남부(예멘, 오만) 등지에서 생산된다. 수지 채취는 나무껍질에 상처를 내어 분비되는 노르스름하고 불투명한 수지를 긁어모으는 방식으로 이루어진다. 하지만 과도한 채취는 보스웰리아 종의 생존을 위협할 수 있기에 신중함이 필요하다.

베르가못 인센스 Bergamot Incense 【익스페리멘털 퍼퓸 클럽 Experimental Perfume Club】
시더 인 아카시아 Ceader in Acacia 【샌츠 오브 우드 Scents of Wood】
바나글로리아 Vanagloria 【라보라토리오 올파티보 Laboratorio Olfattivo】

랍다넘 LABDANUM

시스투스 라다니페르 Cistus ladanifer — 시스투스과 Cistaceae

수많은 향수들은 산염소에게 감사해야 한다.
그렇다. 바로 염소 말이다.

최고급 향수 원료로 꼽히는 랍다넘은 끈적한 반고체 검질 수지로 시스투스 라다니페르 속 식물에서 얻는다. 이 식물은 지중해 연안 대부분 나라에서 자생한다. 최초로 랍다넘을 채취한 것은 산염소 수염을 빗질하면서였다. 염소가 이 식물을 먹으면 수염에 검은 수지가 묻었는데 사람들은 그걸 빗어내 채취했다.

랍다넘은 작은 관목으로 아름다운 흰 꽃이 핀다. 다만, 꽃향기가 약해서 향수에는 사용되지 않는다. 향료로서의 가치는 랍다넘 수지에 있다. 향이 풍성한 랍다넘 수지는 수많은 향수의 베이스노트로 사용되었다. 달콤하면서도 관능적인 동물성 향조가 매력적이며 향 고정력도 뛰어나다.

랍다넘 수지는 시간이 흐를수록 점점 단단해지다가 마침내 부서진다. 이 수지를 향수에 쓰려면 수지를 녹이고 흙이나 모래, 기타 불순물을 제거하고 정제해야 한다. 그다음에는 다양한 방식으로 가공해 고급 앱솔루트를 만들기도 하고 수증기 증류법으로 추출해 가벼운 향을 풍기는 에센셜 오일을 만들기도 한다. 이때 추출한 에센셜 오일을 시스투스라고 부르기도 한다.

시스투스과에 속하는 시스투스 라다니페르는 특히 이베리아 반도에 널리 분포한다. 다른 시스투스 품종도 상업 용도로 재배된다. 랍다넘은 사철 푸른 관목으로 최대 2.5미터까지 자라며 잎사귀가 끈적거리는 특징이 있다. 이 잎사귀와 잔가지를 함께 채취해 끓여서 수지를 얻는다. 랍다넘 수지에는 다양한 휘발성 화합물이 함유되어 있는데 특히 향수 산업에서 가치를 높게 평가 받는 것은 모노테르페노이드 monoterpenoids이다.

랍다넘 Labdanum 【센트 트렁크 Scent Trunk】
크레이지 아워 6 Crazy Hour 6 【프랭크 뮐러 Franck Muller】
비잔틴 앰버 Byzantine Amber 【프란체스카 비앙키 Francesca Bianchi】

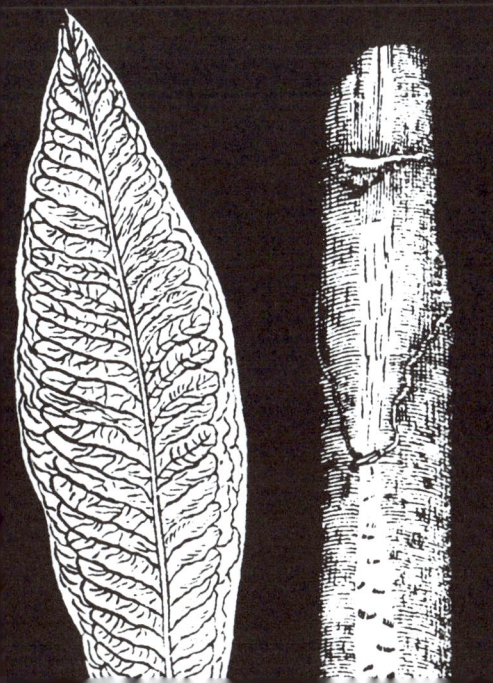
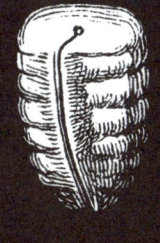

향신료

SPICES

암브레트 AMBRETTE

아벨모스크스 모스카투스 *Abelmoschus moschatus*
— 아욱과 *Malvaceae*

화려하고 매혹적인 향수 산업 뒤에는 어두운 이면도 있다. 향수의 역사를 되짚어보면 가장 사랑받은 향수 뒤에 잔혹하게 죽어간 동물들도 많다.

그중 하나가 머스크다. 머스크는 향수에서 널리 사용되며 인기를 얻은 향료인데, 이 향료는 수컷 사향노루의 복부 안쪽에 있는 주머니에서 채취한다. 이 값비싼 원료를 얻기 위해 무수히 많은 사향노루가 도살되었고 결국 사향노루는 멸종 직전까지 몰렸다.

현재는 사향노루가 보호종으로 지정되었고, 동물성 머스크를 사용하는 회사는 사회적으로 큰 비난을 듣는다. 하지만 이 매혹적인 향에 대한 향수 산업의 열망은 사그라들지 않았고 대체 향료를 찾으려는 시도는 지금도 계속되고 있다.

머스크를 대체할 수많은 합성 향료가 존재하지만, 그중 가장 비슷한 향으로 평가받는 것이 암브레트 씨앗이다. 이 씨앗은 식물성 머스크라고 불릴 정도로 사향노루와 비슷한 향을 내는데 다만 가격이 너무 비싸 흔히 사용되지는 않는다.

암브레트 씨앗은 아벨모스크스 모스카투스 종의 열매 속에 있다. 달콤하면서도 머스크와 비슷한 향인 이 씨앗은 향수에서 다양한 원료로 사용된다.

이 씨앗의 향은 동물에서 채취한 머스크 향보다 더 부드럽고 은은하며 꽃 향과 특히 잘 어울린다. 샤넬의 유명한 향수 에고이스트 Egoïste를 포함해 여러 향수에서 향을 고정하는 주요 원료로도 사용되었다.

암브레트는 동남아시아가 원산지로 아욱과에 속하며 채소 오크라 A. esculentus와 식물학적으로 가까운 관계다. 씨앗을 감싸고 있는 껍질은 오크라처럼 먹을 수 있다.

암브레트의 학명을 보면 이 식물의 주된 용도가 보인다. 속명인 아벨모스크스는 아랍어로 '머스크의 아버지'를 의미하고 종명인 모스카투스는 라틴어로 머스크를 의미한다.

미스핏 *Misfit* 【아르퀴스테 Arquiste】
머스크 아우드 *Musk Aoud* 【로자 퍼퓸 Roja Parfums】
오텀 리듬 *Autumn Rhythm* 【크리스 콜린스 Chris Collins】

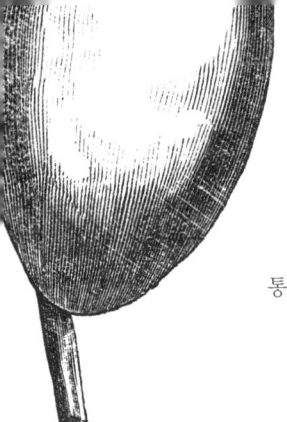

통카 빈 TONKA BEAN

딥테릭스 오도라타 *Dipteryx odorata* — 콩과 *Fabaceae*

통카 빈에는 쿠마린 성분이 풍부하게 들어있는데, 쿠마린은
향수에서 대단히 중요한 역할을 하는 화합물이다.

향수 업계에는 향수 두 병 중 한 병에 1% 이상의 쿠마린이 들어있다는 말이 있다. 그만큼 쿠마린이 많이 사용된다는 의미다. 쿠마린의 첫 향은 풋풋한 풀냄새와 마른 건초 향이지만 농도가 짙어지면 점점 달콤한 향이 된다. 향수에서는 바닐라나 아몬드 분위기를 더할 때 쿠마린을 사용한다.

통카 빈은 쿠마린 함량이 높아서 합성 향료 역사에서 중요한 역할을 한다. 1820년, 독일의 화학자 아우구스트 포겔August Vogel이 우연히 통카 빈에서 쿠마린을 분리했다. 같은 해 프랑스의 약사 기부르Guibourt는 이 우연한 발견을 주목하고, 포겔이 발견한 물질을 통카 빈의 프랑스어 이름인 '쿠마루Coumarou'를 따 '쿠마린'으로 명명했다. 오늘날 사용되는 쿠마린은 대부분 합성 향료다.

하지만 통카 빈은 현대 조향사들이 여전히 사랑하는 재료로 특히 화려한 앙브레 계열, 구어망드 계열, 플로럴 계열 향과 어울렸을 때 더욱 빛을 발한다.
통카 빈이 바닐라 향과 비슷하다고들 하지만, 통카 빈에는 특유의 풀 향과 마른 건초 향, 우유처럼 부드럽고 달콤한 향과 그 안에 은은하게 감도는 쌉쌀한 향이 있어서 조향사들은 통카 빈을 바닐라의 대체재가 아닌 하나의 독립된 향료로 본다.

통카 빈은 아마존 열대우림에서 가장 오래 사는 나무로 꼽힌다. 단단한 쿠마루 목재는 고급 건축재로 사용되며, 말린 씨앗은 독특한 향으로 유용하게 활용된다. 예전에는 통카 빈이 바닐라 향의 대체제로 활용되었으나 독성에 대한 우려 때문에 현재 미국에서는 식용이 금지되었다. 쿠마린을 장기 복용하면 간에 해가 된다.

실반 송 *Sylvan Song* 【그로스미스 Grossmith】
윈느 바닐 *Une Vanille* 【어비어스 파르팡 Obvious Parfums】
통카 25 *Tonka 25* 【르 라보 Le Labo】

시나몬 CINNAMON

시나모뭄 베룸 *Cinnamomum verum* — 녹나무과 *Lauraceae*

건조한 향, 오래된 책에서 나는 먼지 향, 달콤한 향, 향신료 향을 지닌 시나몬은 시나모뭄 나무의 껍질 속에서 채취하며, 화려한 앙브레 계열 향수와 동급 취급을 받을 정도로 강렬한 향을 지니고 있다.

시나모뭄 나무에서 껍질을 벗겨낸 뒤, 속껍질 부분을 얇게 긁어내어 햇볕에 말리면 우리가 잘 아는 둥글게 말린 시나몬 스틱 형태가 된다. 이렇게 건조된 껍질에서 증기 증류법을 통해 에센셜 오일을 추출한다. 오일의 품질은 나무 상태, 수령, 토양 조건에 따라 크게 달라진다. 좋은 품질의 오일을 얻으려면 이 분야에 고도로 숙련된 증류 전문팀이 필요하며 제대로 추출한 시나몬 오일은 잔향이 매우 짙고 지속력도 길다.

여러 나라에서 시나몬을 재배하는데 그중 스리랑카산 시나몬을 최고로 꼽는다. 시나몬 잎에서도 오일을 추출할 수 있는데, 껍질에서 추출한 것보다 향이 거칠고 깊이감도 떨어진다.

시나몬에는 일부 알레르기 유발 물질이 있어서 소량만 사용하도록 사용량을 제한하는 나라가 많다. 시나몬은 요리에 풍미를 더해주는 재료로만 생각하기 쉽지만, 향수에 사용하면 향에 깊이를 더해주고 바닐라나 통카 빈처럼 향이 풍부한 재료와도 매우 잘 어울린다.

시나몬은 가장 흔하게 속여서 판매되는 향신료다. 특히 분말 형태로 구입할 때는 주의가 필요하다. 흔히 다른 재료와 혼합하거나 값싼 다른 종류의 시나모뭄 종으로 대체해 파는 상인이 많기 때문이다. 예컨대 미국에서 판매되는 상업용 시나몬 대부분은 카시아^{cassia}로, 카시아 역시 시나모뭄 속에 속하기는 하지만 훨씬 저렴하다. 카시아는 시나몬보다 껍질이 두껍고 향이 거칠며 섬세함도 떨어진다.

시나몬 특유의 향은 주로 시나몬에 함유된 신남알데하이드^{cinnamaldehyde} 성분 때문이다.

델리스 *Delice* 【엠. 미칼레프 Parfums M. Micallef】
타이거 바이 허 사이드 *Tiger by her Side* 【사나 자댕 Sana Jardin】
산드리아 *Xandria* 【오르몽드 제인 Ormonde Jayne】

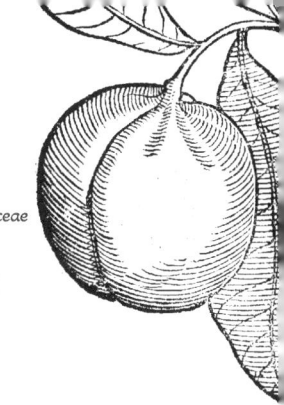

메이스 MACE

미리스티카 프래그란스 *Myristica fragrans* — 육두구과 *Myristicaceae*

메이스는 관대한 나무다. 사철 푸른 상록수로, 향수와 요리 두 가지의 용도로 쓸 수 있기 때문이다.

메이스와 육두구(넛맥)는 같은 나무에서 나지만 더 유명하고 많이 쓰이는 것은 육두구다. 가격이 더 저렴하기 때문이다. 하지만 메이스도 많이 들어봤을 것이다.

향수에서 메이스는 스파이시하면서도 신선한 향을 낸다. 메이스가 부드럽고 섬세한 향이라면 육두구는 따뜻하고 우디한 느낌과 달콤한 향이 더 강하며 쌉쌀한 느낌도 은은하게 감돈다. 대부분 향신료가 그러하듯 두 향신료도 향수의 하트 노트로 자주 사용되며 탑 노트로도 더러 쓰인다. 예전에는 메이스와 육두구가 남성 향수, 특히 우디 계열이나 푸제르 계열 향수에 자주 사용되었다. 그러나 요즘은 모던한 분위기의 남녀공용 향수와 여성 향수에도 많이 사용된다.

향수에서 육두구를 사용하기 시작한 것은 고대 로마 시대부터다. 당시 육두구는 목욕물에 향을 더하는 용도로 사용되었다.

육두구는 미리스티카 프래그란스의 씨앗이고 씨앗을 감싼 붉은색 씨껍질을 건조한 것이 메이스다. 두 향신료는 맛과 향이 상당히 비슷해서 요리에서는 서로를 대체해 사용하기도 한다. 이 두 향신료의 기원은 유럽 무역상들에게 수백 년 동안 풀리지 않는 수수께끼였다. 육두구 나무는 오직 인도네시아의 몰루카 제도, 그중에서도 가장 작은 제도인 반다 제도에서만 자생했기 때문이다.(당시 동남아시아 향신료 무역은 아랍 및 무슬림 상인들이 주도하고 있었고 유럽 상인들은 중간 상인을 통해 구했기에 실제 생산지가 어디인지는 알 수 없었다-옮긴이) 19세기에 들어서 다른 지역에서 육두구를 재배하기 전까지만 해도 반다 제도가 이 향신료에 대한 독점권을 가지고 있었고 당연히 매우 비쌌다.

메이스 향을 담은 향수들

우드 포 그레이트니스 *Oud for Greatness* 【이니시오 Initio】
꼼데가르송 3 *Comme des Garçons 3* 【꼼데 가르송 Comme des Garçons】
골든 시프레 *Golden Chypre* 【그로스미스 Grossmith】

샤프론 SAFFRON

크로커스 사티부스 Crocus sativus — 붓꽃과 Iridaceae

처음 크로커스 사티부스를 마주한 이들은 우아한 보라색 꽃잎이
가장 귀한 부분이라고 생각하기 쉽다.
그러나 그 보랏빛 꽃잎 속에 세상에서 가장 비싼 향신료,
샤프론이 숨어 있다.

이 향신료에 '붉은 황금'이라는 별명이 생긴 것은 어마어마한 가격 때문이다. 샤프론은 식물의 꽃잎 속에 있는 암술 부분에서 얻는다. 샤프론 1그램을 얻으려면 꽃 가운데 실 모양으로 되어 있는 암술머리가 약 570개가 필요하다. 바꿔 말하면 꽃 190송이가 필요하다는 이야기다.

그럼에도 샤프론은 고대부터 사용되었고 많은 이들이 이 향신료의 가치를 높이 평가했다. 나일강의 여왕으로 불리는 클레오파트라는 우유에 샤프론을 우려 목욕을 했고, 알렉산더 대왕은 전쟁 중 입은 상처를 치료하기 위해 샤프론을 사용했다고 전해진다.

오늘날 유통되는 샤프론의 90%는 이란에서 생산되지만, 사실 크로커스는 전 세계 곳곳에서 재배한다. 영국의 작은 마을 '샤프론 월든 Saffron Walden'은 샤프론의 이름을 따서 지었다. 이 마을에서 크로커스가 유독 잘 자라기도 했

고 샤프론 덕분에 마을이 잘살게 되었기 때문이다.

선명한 색감과 달리 샤프론 향은 의외로 어두운 분위기다. 향수에서는 베이스 노트로 주로 사용되며, 가죽 향과 흙 내음이 있어서 수지류, 우디 노트, 바닐라 향 등과 잘 어울린다.

샤프론 크로커스는 붓꽃과 식물로 그리스에서 최초로 재배했다. 이 샤프론 크로커스의 암술머리를 말린 것이 샤프론이다. 가느다란 실처럼 생긴 암술은 짙은 오렌지색을 띠는데 이는 크로신 crocin이라고 하는 색소 때문이다. 이 재료는 스페인 및 페르시아 요리에 색과 풍미를 더하기 위해 사용된다. 샤프론은 엄청난 고가의 향신료로 무게당 가격이 금보다 비싸다. 섬세한 암술머리를 하나하나 손으로 채취해 건조해야 하기 때문이다.

블랙 샤프론 Black Saffron 【바이레도 Byredo】
샤프론 로즈 Saffron Rose 【그로스미스 Grossmith】
앰버 아우드 Amber Aoud 【로자 퍼퓸 Roja Parfums】

162

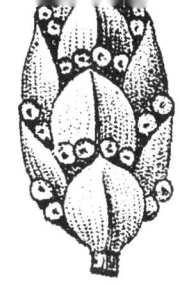

주니퍼 JUNIPER

주니페루스 코뮌니스 *Juniperus communis* — 측백나무과 *Cupressaceae*

흔히들 주니퍼를 주니퍼 베리^{Juniper berry}라고 부르는데, 사실 베리라고 부르는 부분은 베리류 열매와 비슷하게 생겨서이며 사실은 다육질의 변형된 솔방울 모습에 가깝다.

향수에서 주니퍼베리는 주로 서늘한 분위기를 더하는 역할을 한다. 최상급 오일을 얻으려면 잘 익은 열매를 건조해 분쇄한 뒤 수증기 증류법으로 추출해야 한다. 주니퍼는 소나무 향과 따스한 향, 발삼 향을 머금고 있다. 여기에 상쾌하고 청량한 향도 감돈다. 솔향과 시트러스 계열 향과 잘 어울리며 다른 향을 부드럽게 가라앉히는 역할과 명료하게 만드는 역할을 두루 한다.

주니퍼 향을 가장 직관적으로 보여주는 예는 바로 진이다. 진은 주니퍼를 주재료로 만든 술이다. 많은 향수 업체들이 주니퍼와 진의 관계에서 영감을 받아 향수를 제작했다. 그중 하나인 펜할리곤스의 주니퍼 슬링^{Juniper Sling}은 청량한 진 칵테일의 향을 재해석함으로써 '광란의 1920년대^{Roaring Twenties}'(1차 대전이 끝난 직후 미국의 1920년대를 가리키는 용어로 불황에서 급속히 회복하며 제조업, 예술, 문화 산업이 발전하고 재즈가 번성했던 시기-옮긴이)에 경의를 표한 향수다.

주니퍼 향은 소나무 향에 비해 지속력은 짧지만, 생동감이 넘친다. 그래서 향수의 탑 노트나 하트 노트를 담당하며 숲 분위기를 내는 향조를 구성할 때도 유용한 요소다.

주니퍼 나무는 침엽수로 측백나무과에 속한다. 성장은 더디지만, 수명이 매우 길며 주로 북반구의 서늘한 지역에 분포한다. 주니퍼 베리는 작고 보라색을 띠며 쓴맛이 강한데 이 쓴맛은 에센셜 오일에 함유된 모노터페노이드 성분 때문이다. 이름과 달리 주니퍼 베리는 식물학적으로 베리보다는 솔방울에 더 가깝다. 주니퍼가 들어간 칵테일 '진'은 네덜란드어로 '주니퍼'를 의미한다.

주니퍼 슬링 *Juniper Sling* 【펜할리곤스 Penhaligon's】
비리데 *Viride* 【오르토 파리시 Orto Parisi】
집시 워터 *Gypsy Water* 【바이레도 Byredo】

펜넬 FENNEL

포에니쿨룸 불가레 *Foeniculum vulgare* — 미나리과 *Apiaceae*

향신료 재료와 방향용 허브들은 향수에도 두루 사용된다. 그렇다면 주방에서 자주 쓰이는 펜넬은 향수에서 어떤 역할을 할까? 사실, 향수에 사용되는 펜넬은 꽃이 시들고 난 뒤 남은 씨앗들이다.

식재료로 더 잘 알려진 펜넬 씨앗은 증기 증류법으로 에센셜 오일을 추출한다. 향수에 사용되는 에센셜 오일은 두 가지로 나뉜다. 하나는 달콤한 향이고 또 하나는 씁쓸한 향인데 둘 다 향수에서 저마다의 존재감을 드러낸다.

향기 면에서 보면 펜넬은 감초와 애니씨드(아니스의 씨앗)와 비슷하며 어떤 면에서는 타라곤 허브와도 비슷하다. 푸제르 계열 향수에 자주 사용되는데 라벤더나 파촐리 향과 환상적으로 어울린다. 최근에는 앙브레 계열 향수에도 자주 사용된다. 펜넬은 소량만으로도 강한 존재감을 드러내기 때문에 향수에 조합할 때는 적은 양을 사용한다.

향수에서 펜넬 사용이 증가하는 이유는 니치 향수 시장의 성장과 직접적인 연관이 있는 듯 보인다. 대중적 향수보다는 독창적이고 실험적인 향을 추구하는 소비자가 늘면서 조향사들은 펜넬을 소재로 창의적이고 개성 강한 향수를 만들 수 있게 되었다.

포에니쿨룸이라는 학명은 라틴어로 '작은 건초더미'를 의미한다. 아마도 펜넬의 향에서 유래한 이름인 듯 보인다. 노란 꽃이 피는 펜넬의 원산지는 지중해와 중동이지만 지금은 세계 곳곳으로 퍼져나갔으며 일부 지역에서는 펜넬을 '침입종'으로 보기도 한다. 펜넬의 거의 모든 부위는 식용으로 사용할 수 있다. 뿌리 부분은 채소로 먹고 잎과 씨앗(엄밀히 말하면 식물이 성숙하면 여러 조각으로 나뉘는 마른 열매)은 요리나 음료의 풍미를 더하는 용도로 사용된다. 펜넬의 맛은 애니씨드와 비슷하다.

씨호스 *Seahorse* 【주올로지스트 *Zoologist*】
더 식스 *The Sixth* 【바이라오 *Vyrao*】
라스트르 *L'Astre* 【르 갈리온 *Le Galion*】

핑크 페퍼 PINK PEPPER

스키누스 몰레 Schinus molle — 옻나무과 Anacardaceae

향신료는 크게 두 가지로 나뉜다. 신선한 향신료와 매운 향신료. 베이 로즈baies rose로도 불리는 핑크 페퍼는 전자에 가까우며 신선하면서도 레몬처럼 상큼한 향이 특징이다.

핑크 페퍼는 흔히 '가짜 후추'로 불리곤 한다. 실제로 후추 과가 아닌 전혀 다른 나무에서 얻는 후추 향이기 때문이다. 핑크 페퍼는 스키누스 몰레 나무의 열매에서 얻는다. 잘 익은 열매를 수확해 건조한 뒤 에센셜 오일을 추출한다.

핑크 페퍼가 사용된 가장 유명한 향수로는 크리드Creed의 아벤투스Aventus를 들 수 있다. 이 향수는 핑크 페퍼 특유의 청량함을 파인애플과 블랙커런트 과일 향, 앰브록산™과 시더우드의 묵직한 향과 조합했다.

향수에는 시대정신을 한 방울에 담아내는 놀라운 힘이 있다. 생산 방식이 고도로 효율화된 오늘날에는 향수 업계의 흐름이 거대한 물결처럼 시장을 휩쓸곤 한다. 핑크 페퍼는 이러한 흐름 속에서 인기를 끌며 특히 주목받는 원료가 되었다. 최근 수년간 수많은 향수에 핑크 페퍼가 사용되고 있으며 여기에는 아벤투스의 대성공도 한몫했다.

후추나무로도 불리는 핑크 페퍼는 남아메리카 일부 지역이 원산지로 원산지에서는 이 열매를 치차chicha라고 하는 술을 만드는 데 사용하거나 갈아서 후추 대용으로 사용하기도 한다. 이 전통 의학에서는 이 나무의 열매와 잎과 수액을 치통, 류머티즘, 요로 감염 치료제로 사용했다. 핑크 페퍼 목재는 건축 자재, 가구, 땔감 등으로 사용되며 나무껍질은 가죽을 무두질하는 데 사용된다. 핑크 페퍼 추출물과 오일에 항산화, 항염, 항균 효과가 있다는 연구 결과도 보고되었다.

아벤투스 Aventus 【크리드 Creed】
트윌리 데르메스 오 푸와브레 Twilly d'Hermès Eau Poivrée 【에르메스 Hermès】
미르베아 Marbella 【카르네르 Carner】

당근 씨앗 CARROT SEEDS

다우쿠스 카로타 Daucus carota — 미나리과 Apiaceae

여기서 말하고자 하는 것은 당근이 아니다.
우리가 이야기할 부분은 당근 씨앗이다.

당근 씨앗은 향수에서 주인공 보다는 전체적인 향을 더 단단히 해주거나 다른 원료의 향을 돋보이게 하는 조연 역할을 주로 한다. 당근 씨앗은 머스크 향에 약간의 동물 채취를 풍긴다. 첫 향은 상쾌하고 싱그러운 향으로 시작해 이후 흙 내음과 파우더리한 향, 건조한 향으로 이어진다. 이러한 특성 때문에 조향사들은 당근 씨앗 오일을 아이리스, 제비꽃, 미모사 같은 향조를 보강하거나 아예 대체하는 용도로 사용한다. 가장 대표적인 예가 비에네메Bienaimé에서 재출시한 베르메이Vermeil인데 이 향수는 당근 씨앗을 탑 노트에 배치해 아이리스와 제비꽃 향을 더욱 풍성하게 했다.

당근 씨앗은 합성 과일 향을 구현하는 데도 유용하게 활용된다. 가령 블랙커런트 싹 추출물과 당근 씨앗 추출 오일을 합성하면 망고 향을 연출할 수 있다.

당근 씨앗을 향수 재료로 사용하려면 말린 씨앗에서 증기 증류 방식으로 에센셜 오일을 추출해야 한다. 현재 시중에 판매되는 당근 씨앗 오일은 대부분 프랑스산이다. 당근 씨앗 오일은 주로 요리에 사용되지만, 꽃 향이나 나무 향, 허브 향과 친화력이 워낙 훌륭하다 보니 향수 업계에서도 활용도가 점차 높아지는 추세다.

우리가 흔히 알고 있는 당근의 선명한 주황색은 '카로틴carotene'이라고 하는 색소 때문인데 이 카로틴이 체내에 들어가면 비타민 A로 전환되기도 한다. 하지만 당근을 많이 먹는다고 해서 야맹증이 좋아진다는 말은 속설에 불과하다. 네덜란드 왕을 기리기 위해 주황색 당근을 개발했다는 이야기도 증거가 빈약하다. 주황색 당근이 비교적 최근에 개발되기는 했지만 위 이야기는 근거가 없다. 당근은 파스닙parsnip과 식물학적으로 매우 가깝다. 둘 다 2년생 식물로 첫해에는 영양분을 저장할 수 있는 녹말 성분의 커다란 뿌리를 키우고, 두 번째 해에는 꽃을 피운다.

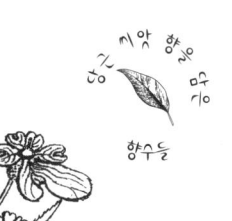

베르메이 Vermeil 【비에네메 Bienaimé】
인디고 스모크 Indigo Smoke 【아르퀴스테 Arquiste】
소닉 플라워 Sonic Flower 【룸 1015 Room 1015】

169

캐러웨이 CARAWAY

카뭄 카르비 *Carum carvi* — 미나리과 Apiaceae

캐러웨이는 여러 대륙에 폭넓게 자생하는 허브이며 잘 익은 열매를 으깨어 수증기 증류법으로 에센셜 오일을 추출한다. 향신료 향과 민트 향이 조화된 캐러웨이 향은 호밀빵 냄새가 느껴지기도 한다.

작은 갈색의 캐러웨이 열매는 흔히들 '씨앗'이라고 부르지만, 사실은 말린 열매다. 생김 때문에 쿠민cumin과 자주 비교되며 별명도 '초원의 쿠민'이다. 하지만 캐러웨이와 쿠민은 맛과 향이 전혀 다르다. 캐러웨이가 머스크 향이 더 강하고 향신료 향도 상대적으로 더 짙은 편이다. 몇몇 대형 제조업체에서는 캐러웨이를 붓꽃 뿌리 향과 비슷하게 취급하기도 한다.

캐러웨이의 역사는 무려 8000년 전으로 거슬러 올라간다. 고대 이집트에서 종교의식에 캐러웨이를 사용했다고 전해지며, 고대 로마인들은 식사 후 입냄새를 없애기 위해 캐러웨이를 씹었고, 나폴레옹은 캐러웨이가 함유된 비누를 사용했다는 이야기도 전해진다.

캐러웨이가 향수에서 주역을 맡는 경우는 드물지만, 딥디크에서 출시한 로트르 오 드 뚜왈렛 L'Autre eau de toilette은 예외다. 이 향수는 딥디크의 공동 창립자인 데스먼드 녹스 리트Desmond Knox-Leet가 꽃과 말린 잎사귀, 나무 수지 등으로 만든 향 연고에서 영감을 받아 만들었는데 여기서 캐러웨이가 주요한 재료로 사용되었다.

캐러웨이는 미나리과에 속하는 식물로 유럽과 아시아에 분포한다. 미나리과에 속하는 많은 식물과 마찬가지로 작은 꽃들이 우산을 펼친 듯한 형태인 산형(繖形)으로 핀다. 캐러웨이의 씨앗은 따로 수확해 빵이나 케이크 등 북유럽 요리에 널리 활용된다. 캐러웨이 씨앗에서 추출한 에센셜 오일에는 카르본carvone이라고 하는 화합물이 포함되어 있는데, 이는 딜이나 스피어민트 등에도 함유된 모노테르페노이드 계열 성분으로 캐러웨이의 맛과 향을 결정적으로 좌우하는 요소다. 영국에서는 캐러웨이 씨앗만 먹지만, 이 식물의 다른 부위도 식용이 가능하다.

로트르 *L'Autre* 【딥디크 Diptyque】
애스터 코롱 *Astor Cologne* 【지오 에프 트럼퍼 Geo. F. Trumper】
부하라 *Bukhara* 【갤리번트 Gallivant】

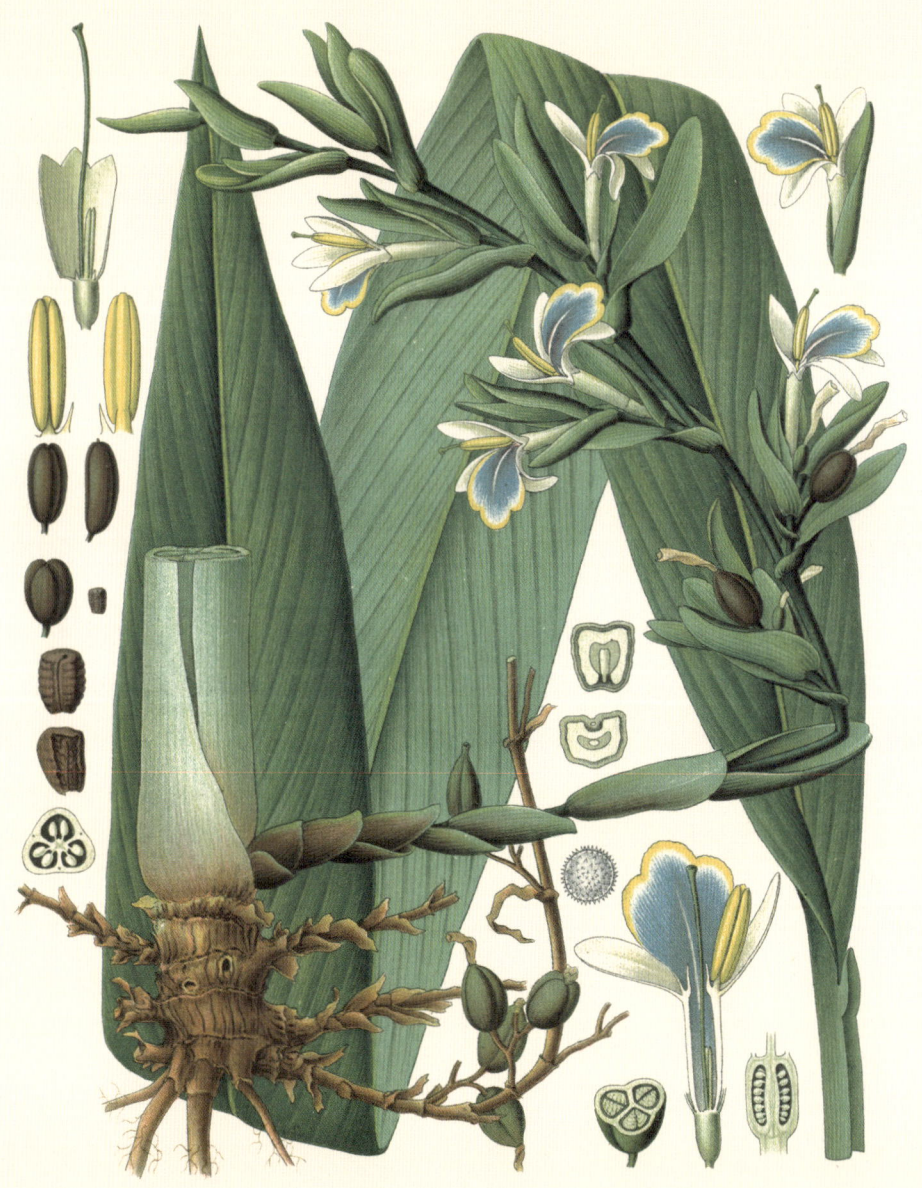

카다멈 CARDAMOM

엘레타리아 카르다모뭄 *Elettaria cardamomum* — 생강과 *Zingiberaceae*

최근 연구에 따르면 클레오파트라는 올리브오일, 시나몬, 카다멈 등이 함유된 향으로 몸을 치장했다고 한다.

카다멈은 거의 모든 향 용품에 사용된다고 해도 과언이 아닐 정도로 다재다능한 향 재료다. 일반적으로 향수에는 인도산보다 과테말라산 카다멈을 더 많이 사용하는데 조향사들 의견에 따르면 과테말라산이 더 맑고 깨끗한 향이라고 한다. 카다멈 에센셜 오일은 수증기 증류법으로 추출한다.

카다멈은 요리에서 향신료로 널리 사용되지만, 향수에도 사용되며 상쾌한 허브 향은 약초나 캠퍼camper(캄포르 나무에서 추출한 유기화합물로 방향성이 강함-옮긴이)와 비슷하다. 또한, 이 상쾌한 분위기가 시트러스 향과 비슷해서 시트러스 오일 향과도 매우 잘 어울린다.

카다멈은 매우 값비싼 향료다. 바닐라와 샤프론의 뒤를 이어 세계에서 세 번째로 비싼 향료로 꼽힌다. 다행스럽게도 향이 워낙 풍부하고 강해서 아주 소량만 사용해도 충분히 향을 낼 수 있다.

주로 하트 노트로 사용되며 복잡한 향으로 향의 깊이를 더해주는 역할을 한다. 또한 향을 고정하는 기능도 탁월해서 전체 향의 지속력을 높여주기도 한다.

카다멈은 인도 남서부가 원산지로 강황, 갈랑갈(생강과 식물로 동남아시아에서 요리 및 약재로 사용됨-옮긴이)과 함께 생강과에 속한다. 그런데 생강이나 강황처럼 뿌리가 아니라 씨앗을 주로 수확해 사용한다. 카다멈의 녹색 씨앗 껍질에는 모노테르페노이드 성분이 고함량으로 응축되어 있으며 이 성분이 카다멈 특유의 향을 만들어낸다. 주요 원산지는 인도이지만 생산되는 카다멈 대부분이 현지에서 소비된다.

로즈 카다멈 *Rose Cardamome* 【라 끌로즈리 데 파팡 La Closerie des Parfums】
바닐이 *Vanilj* 【마야 엔자이 Maya Njie】
오드 우드 *Oud Wood* 【톰포드 Tom Ford】

생강 GINGER

징기버 오피치날레 *Zingiber officinale* — 생강과

생강은 향수에 강렬한 에너지를 불어넣는다. 상쾌하고 활기차며 생동감 넘쳐서 주로 탑 노트나 하트 노트로 사용된다. 생강은 전체 향조에 생기 있는 따스함을 더할 뿐 아니라 다른 성분의 지속력을 높여주는 역할도 한다.

생강은 시트러스 하면서도 녹색 잎의 싱그러움과 소나무의 은은한 향도 함께 아우르는 매력적인 향수 원료이며 그 인기가 점점 높아지고 있다.

생강은 식재료로도 유명하지만 향의 원료로 사용된 역사도 꽤 깊다. 생강은 수백 년 전부터 이미 향수의 원료이자 향을 피우는 재료로 사용되었다.

향수에서는 천연 생강과 합성 생강 향 모두 사용된다. 천연 앱솔루트 오일은 주로 용매추출법으로 추출하지만 향료용 오일은 수증기 증류법으로 추출하기도 한다. 향에 사용되는 재료는 요리와 마찬가지로 뿌리를 사용하며 꽃은 사용하지 않는다. 생강 향에는 시트러스한 분위기가 있지만 식물학적으로는 향신료로 분류되며 향수에서도 스파이스 노트로 분류된다.

생강은 남성 향수와 여성 향수에서 두루 인기가 있으며, 미젠시르 Mizensir 브랜드의 '오 드 진젬브르 Eau de Gingembre' 같은 남녀공용 향수에도 사용된다.

생강과 식물의 역사는 약 6500만 년 전으로 추정된다. 원산지는 인도와 중국 남부 지역이며 예전부터 약재 및 식재료로 두루 사용되었고, 고대 로마 시대에도 거래되던 향신료였다. 오늘날 생강은 빵이나 설탕에 절인 과자, 카레 요리, 진저비어 및 진저에일 등 여러 분야의 음식 및 음료에 두루 사용된다. 과거부터 생강은 소화계통 질환에 사용되었으며 멀미 예방에 도움이 된다는 의견이 있어 꾸준히 관심이 증가하고 있다.

몰리큘 이+진저 *Molecule 01 + Ginger* 【에센트릭 몰리큘즈 Escentric Molecules】
나폴리 *Naples* 【갤러번트 Gallivant】
크레이지 아워 6 *Crazy Hours 6* 【프랭크 뮬러 Franck Muller】

쿠민 CUMIN

쿠미눔 시미눔 *Cuminum cyminum* — 미나리과

만약 대담한 향을 시도하는 니치 향수 전문점에 들른 적이 있다면, 그곳에서 쿠민이 들어간 향수를 만나보았을 것이다.

쿠민은 향이 날카롭고 강렬해서 실험적인 향을 추구하는 조향사들이 선택하는 향료이기 때문이다. 쿠민 향은 흙냄새와 따뜻한 분위기를 품고 있으며 다소 쓴 향과 신 향, 동물 채취가 섞여 있어서 언뜻 땀 냄새와 비슷한 면도 있다. 요즘은 쿠민을 사향고양이 같은 동물에서 유래한 향을 인공적으로 재현하는 데 자주 사용한다.

쿠민은 주로 앙브레 계열이나 건조한 느낌의 시프레 계열 향수에 사용되며 향에 대한 호불호가 극명하다. 또한 쿠민은 잔향이 오래 남아 베이스 노트로 사용되곤 한다.

쿠민이 향신료 재료로 재배된 역사는 5000년이 넘는다. 그 오랜 세월 동안 쿠민은 요리 재료로, 건강을 위한 약재로 사용되었고 지금은 향수 재료로도 많이 활용되고 있다. 쿠민은 수증기 증류법이나 용매 추출법으로 에센셜 오일을 추출한다. 향의 경계가 점점 넓어지고 동물적이고 관능적인 향에 대한 수요가 증가하면서 향수에서 쿠민의 활용도 역시 커질 것이다.

쿠민은 미나리과에 속하는데 이 과의 몇몇 식물들은 꽃이 우산을 펼친 것 같은 모양으로 피어서 산형과^{Umbelliferae}라고도 한다. 원산지는 이란과 중동이다. 서늘한 기후에서 잘 자라지만 서리에는 매우 약하다. 약 30센티미터 정도 자라는 일년생 식물로 씨앗은 캐러웨이와 비슷하다. 씨앗을 통째로 요리에 사용하기도 하고 갈아서 분말 형태 향신료나 카레 가루에도 많이 쓰인다. 쿠민 씨앗의 독특한 맛과 향은 주로 쿠민알데하이드^{cuminaldehyde}라고 하는 화합물 때문이다.

린노마블 *L'Innommable* 【세르주 루텐 Serge Lutens】
나이트 *Night* 【아크로 Akro】
압솔뤼 푸르 르 수아르 *Absolue Pour Le Soir* 【메종 프란시스 커정 Maison Francis Kurkdjian】

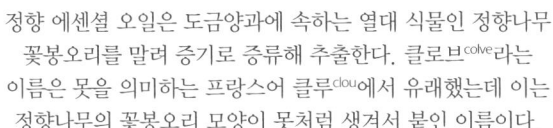

정향 CLOVE

시지지움 아로마티쿰 Syzygium aromaticum — 도금양과 Myrtaceae

정향 에센셜 오일은 도금양과에 속하는 열대 식물인 정향나무 꽃봉오리를 말려 증기로 증류해 추출한다. 클로브^{clove}라는 이름은 못을 의미하는 프랑스어 클루^{clou}에서 유래했는데 이는 정향나무의 꽃봉오리 모양이 못처럼 생겨서 붙인 이름이다.

정향나무 꽃은 가지 끝에서 연둣빛으로 움터서 점차 붉어지는데 꽃이 피기 직전에 수확한다. 꽃봉오리에는 유제놀^{eugenol}이라고 하는 천연 화합물이 풍부하게 들어있는데 이 화합물은 향신료 향과 꽃 향, 달콤한 향의 원천이기도 하다. 시나몬이나 생강, 육두구 등 다른 향신료에도 유제놀이 들어있긴 하지만 정향은 전체 성분의 약 70~90퍼센트가 유제놀 성분이어서 특유의 개성 강한 향을 낸다.

흥미로운 사실은, 유제놀이 카네이션 향을 만드는 주요 재료이기도 하다는 점이다. 카네이션 꽃은 정향을 떠올리게 하는 향신료 향을 머금고 있다. 천연 카네이션에서도 오일을 추출할 수는 있지만 추출하고 나면 실제 꽃 향과 오일 향이 매우 달라서 대부분 카네이션 오일은 향을 조합해서 만든다.

정향은 꽃봉오리뿐 아니라 잎사귀와 나뭇가지에서도 오일을 추출할 수 있다. 정향 잎 오일은 좀 더 거친 향에 조금 탄 듯한 냄새와 건조한 분위기를 풍긴다.

어느 부위에서 추출한 오일이든 정향 오일은 조향사의 팔레트에 빠지지 않는 재료다. 주로 따뜻한 분위기를 추구하는 향에서 하트 노트로 사용되며 바닐라와 수지, 우드 노트와 탁월하게 어울린다.

정향의 원산지는 인도네시아 몰루카스 제도이며 지금은 세계 각지에서 재배되고 있다. 정향은 요리용 재료 외에도 몇몇 국가에서는 담배 재료로 사용하기도 하며 약재로 사용하기도 한다. 정향의 맛과 향은 거의 유제놀 성분이 좌우하는데 유제놀은 치과에서 국소 마취제나 치아 본을 뜨는 틀, 필링 인공 재료 등으로도 사용된다.

차이 Chai 【바루티 Baruti】
사토리 Satori 【퍼퓸 사토리 Parfum Satori】
파이퍼 니그럼 Piper Nigrum 【로렌조 빌로레시 Lorenzo Villoresi】

바닐라 VANILLA

바닐라 플라니폴리아 *Vanilla planifolia* — 난초과

향수의 세계에서 가장 중요하고 가장 매혹적인 바닐라를
한마디로 요약하기란 불가능하다.

오늘날 시장에서 판매되는 향수 60% 이상에 바닐라 노트가 포함되어 있다고 해도 과언이 아니다. 바닐라가 워낙 고가의 재료인 탓에 대부분 합성 바닐라 향을 사용하는데 이들 향도 매혹적이기는 하지만 천연 바닐라 향보다 훨씬 더 달콤한 편이다.

천연 바닐라는 난초과 식물의 녹색 꼬투리에서 여정을 시작해 기나긴 가공 과정을 거쳐야 한다. 수분이 이루어지면 꽃이 열매를 맺는데, 이 때 꼬투리를 수확해 정성스럽게 말리면 서서히 짙은 갈색 꼬투리가 된다. 우리가 잘 아는 바닐라도 이 갈색 꼬투리다.

바닐라의 향은 생산지와 가공 방식에 따라 달라진다. 타히티 산 바닐라는 달콤하고, 레위니옹 조금 위쪽에 있는 부르봉 산 바닐라는 진한 향에 동물성 향이 담겨 있으며, 마다가스카르 산 바닐라는 꿀처럼 달콤하면서도 깔끔하고 파우더리하다.

천연 바닐라와 합성 바닐라 향 모두 앙브레 계열 및 구어망드 계열 향수에서 중요한 역할을 한다. 고급스러운 느낌을 주는 재료인 바닐라는 향의 베이스 노트로도, 여러 향의 조화를 이루는 재료로도, 듬뿍 사용해 강렬한 주인공이 되는 재료로도 사용된다.

바닐라는 중앙아메리카 열대우림 지역이 원산지이며 나무를 타고 자라는 덩굴식물이다. 자연 상태에서는 난초벌이 꽃을 수분하지만, 현재 대부분 바닐라는 농장에서 재배되고 있기 때문에 사람이 일일이 손으로 수분을 시켜주어야 한다. 바닐라 특유의 맛과 향은 '바닐린 vanillin'이라는 화합물 때문이다. 요즘 시판되는 바닐라 향료나 추출물은 값비싼 천연 추출물 대신 석유화학물질이나 목재 펄프에서 만들어진 합성 바닐린을 사용한다.

바닐 앙 플뢰르 *Vanille en Fleur* 【플라스 데 리스 Place des Lices】
지키 *Jicky* 【겔랑 Guerlain】
러브, 돈 비 샤이 *Love, don't be shy* 【킬리안 파리 Kilian Paris】

나무
WOODS

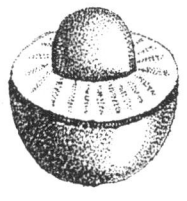

아미리스 AMYRIS

아미리스 발사미페라 *Amyris balsamifera* — 운향과

아미리스는 향 정착성이 탁월해서 주로 베이스 노트로 사용되며 목재와 나무껍질에서 수증기 증류법을 통해 오일을 얻는다. 그러나 이 나무에서 오일을 얻으려면 무려 30년을 기다려야 할 수도 있다.

아미리스는 발삼 향과 달콤한 향에서 시작해 점차 따스한 나무 향으로 변한다. 이런 점에서 샌달우드와 무척 닮았다. 그래서 흔히 아미리스를 '서인도의 샌달우드'라고 부르기도 하는데 사실 아미리스와 샌달우드는 전혀 다른 속에 속하는 식물로, 이는 오해가 낳은 잘못된 명칭이다. 여기에 아미리스 발사미페라가 우디 노트 중심의 향료로 인식되다 보니 이 식물의 분류에 대한 혼란은 더욱 심해졌다.

아미리스의 최대 생산지는 아이티^{Haiti}인데 아이티의 어부들은 이 나무를 '부아 샹델^{bois chandelle}'이라고 부른다. 촛불 나무라는 의미로, 아이티 사람들이 이 나무를 횃불용 나무로 사용해서 생긴 별명이다.

아미리스는 향수 업계에서는 크게 주목받지 않다가 2012년, 조향사 프란시스 커정^{Francis Kurkdjian}이 아미리스를 주인공으로 내세운 같은 이름의 두 종류 향수(남성용과 여성용)를 출시하면서 주목받게 되었다.

아미리스는 시트러스 계열 식물과 마찬가지로 운향과에 속하지만, 식물학적으로 아주 가까운 관계는 아니다. 주로 신대륙에 자생하며 서인도 제도를 포함해 중앙아메리카 및 남아메리카에 널리 분포한다. 학명인 발사미페라는 '발삼 향을 품은 나무'라는 뜻으로 이름답게 향기로운 수지를 생성한다.

아미리스 옴므, 아미리스 팜므 *Amyris Homme, Amyris Femme* 【메종 프란시스 커정 Maison Francis Kurkdjian】
베티버 몰로코 *Vetiver Moloko* 【엑스 닐로 Ex Nihilo】
파피루스 물레큘레르 *Papyrus Moléculaire* 【메종 크리벨리 Maison Crivelli】

사이프러스 CYPRESS

쿠프레수스 셈페르베렌스 *Cupressus sempervirens* — 측백나무과

사이프러스 향은 싱그러우면서도 짙은 나무 향을 풍기며 건조한 분위기도 함께 지니고 있다.

일반적으로 사이프러스는 남성 향수에 주로 쓰이지만, 플로럴 계열이나 우디, 스파이시 계열의 향에 깊이를 더하는 용도로도 사용된다. 주로 향 전체를 뒷받침하는 베이스 노트로 쓰일 때가 많다. 사이프러스 오일은 주로 나무의 침엽과 잔가지에서 물 증류법 hydro-distillation(수증기 증류법과 비슷하나 수증기증류법은 식물을 담은 용기에 수증기를 주입하는 방법이고 물 증류법은 식물을 물에 담가 추출하는 방식이다-옮긴이)을 이용해 얻으며 생산량은 비교적 적은 편이다. 에센셜 오일과 앱솔루트 오일 모두 향수에 사용된다.

사이프러스는 싱그러운 녹색 향과 나무 향 때문에 소나무 향과 자주 비교되는데 두 향은 특징이나 지속력이 확연히 다르다. 사이프러스 향은 향을 피울 때 나는 냄새와 비슷하다. 그래서인지 예전부터 사람들은 사이프러스를 신성하게 여겼으며 이 나무 목재로 교황의 관을 만들기도 했다. 고대 그리스인들은 사이프러스 오일이 마음을 차분하게 해주는 효과가 있다고 믿었으며 오늘날까지도 이 믿음은 이어지고 있다. 흔히 향수 계열 중 하나인 '시프레 chypré'가 식물 '사이프러스 cypress'에서 왔다고 오해하지만, 사실은 지중해 섬인 키프로스 Cyprus에서 유래했다.

사이프러스 나무의 식물학적 분류는 아직 명확히 정리되지 않았다. 지중해와 유럽 등 구세계와 미국이나 멕시코 등 신세계에 모두 자생하는 사이프러스를 하나의 속으로 묶을지, 아니면 유전적, 지리적 차이에 따라 3~4개의 별개의 속으로 구분해야 하는지는 여전히 논의 중이다. 야생에서 자라는 일부 사이프러스 종은 무분별한 가축 방목, 과도한 벌목, 사막화 등으로 멸종 위기다. 상대적으로 흔한 이탈리아 사이프러스인 쿠프레수스 셈페르비렌스 C. sempervirens는 지중해 동쪽 지역이 원산지이며 수직으로 뻗어 자라서 조경용 수목으로 재배되고 있다. 이 종의 이름인 셈페르비렌스는 '상록수'라는 의미다. 사이프러스 오일 향의 주성분은 모노테르페노이드 화합물인 알파–피넨 alpha-pinene과 3-카렌 3-carene이다.

앙크르 느와 *Encre Noire* 【라리크 Lalique】
아부다비 *Abu Dhabi* 【갤리번트 Gallivant】
사이프러스 앤 그레이프바인 인텐스 *Cypress & Grapevine Intense* 【조말론 Jo Malone】

샌달우드 SANDALWOOD

산탈룸 알붐 *Santalum album* — 단향과 *Santalaceae*

이제 막 향수의 세계에 입문한 사람이라도,
샌달우드라는 이름은 들어봤을 것이다.

2000년이 넘도록 향 재료로 사용되고 있는 샌달우드는 조향사들이 가장 아끼는 향으로 꼽힌다. 샌달우드 에센셜 오일은 나무줄기의 가장 중심에 있는 심재(心材)에서 수증기로 증류해 추출한다. 이 오일은 향수에 크림처럼 부드러운 향과 우유처럼 포근한 분위기, 나무의 단단한 향을 더해준다.

샌달우드에는 여러 종이 있지만 가장 사랑받는 것은 산탈룸 알붐*Santalum album*이다. 산탈룸 알붐은 '동인도 샌달우드'라는 이름으로 더 유명하다. 20세기 후반에는 이 나무에 대한 수요가 급증하면서 종이 멸종 위기를 맞기도 했다. 이에 인도 정부는 수출 금지 조치를 내렸고 이후 서호주에서 지속 가능한 방식으로 샌달우드를 재배하면서 공급 부족 사태가 완화되었다. 현재 시장에 유통되는 산탈룸 알붐은 대부분 서호주산이다.

샌달우드 오일을 얻으려면 오랜 기다림이 필요하다. 나무가 최소한 15년 이상 자란 뒤에야 벌목하는데 오래 자란 나무일수록 줄기가 굵고 심재에 함유된 오일 양도 많아지기 때문이다. 예전에는 남성 향수의 상징처럼 여겨졌지만, 여성 향수에도 폭넓게 사용되고 있으며 풍부한 깊이감과 탁월한 지속력으로 향수에서 베이스 노트로 중요한 역할을 한다.

샌달우드는 작은 관목으로도 자라고 큰 나무로도 자라며 자바 섬에서부터 호주 북부에 이르기까지 열대우림에 분포한다. 이 나무는 스스로도 광합성을 하지만 대부분의 영양분을 숙주 식물에 의존해 얻는 반기생 식물이다. 전통 의학에서는 샌달우드를 요로 감염 치료제로 사용했으며, 항균 작용을 한다고 여겼다. 샌달우드의 목재는 세밀한 조각 작품에 사용되기도 하며, 나무 자체가 여러 문화권에서 중요한 문화적 상징성을 지니기도 한다. 현재 이 종은 취약종으로 분류되어 있으며 멸종 위기에 직면해 있다.

삼사라 *Samsara* 【겔랑 Guerlain】
샌달우드 사크레 *Sandalwood Sacré* 【르 자르댕 레트루브 Le Jardin Retrouvé】
상탈 33 *Santal 33* 【르 라보 Le Labo】

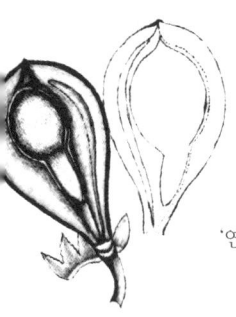

아가우드(침향) AGARWOOD

아킬라리아 종 Aquilaria species — 팥꽃나무과 Thymelaeaceae

향수를 의미하는 영어 '퍼퓸perfume'은
'연기를 통해'라는 뜻의 라틴어 '프로 푸품pro fumum'에서 유래했다.
오래전 향수는 향이 나는 물질을 태워
연기 향을 맡는 방식이었기 때문이다.

수많은 종교 역사 문헌을 통해 고대까지 거슬러 올라가다 보면 그렇게 향을 내는 재료를 만나게 된다. 바로 우드oud다.

우드는 아가우드 나무의 심재에서 분비되는 점성 있는 수지다. 나무가 자라다 보면 곰팡이 균에 감염되기도 하는데 이때 상처 입은 나무는 스스로 보호하기 위해 복합적인 향을 지닌 짙은 색의 끈적한 물질을 분비한다. 이 물질이 우드다.

향수에서 우드는 매우 감각적인 원료다. 우드만 놓고 보면 어둡고 스모키한 향이지만 다른 향과 조합되면 다채로운 향을 만들어 내며 고정력이 탁월해 향의 여운을 오래 붙잡아둔다.

순도 높은 우드 오일은 무게로 따지면 금보다 약 1.5배 정도 비싸다. 또한, 시간이 지날수록 향이 깊어지기 때문에 오래된 나무일수록 오일 가격은 더 높아진다. 그래서 시중에 유통되는 우드 대부분은 대체제를 사용한다.

아가우드는 오래전부터 향료 외에도 인도의 아유르베다, 아랍권의 유나니, 중국의 중의학 등 전통 의학에서 다양하게 활용되었다. 나무껍질과 목재, 수지는 기력을 회복용 약재로 사용되었으며, 이 외에도 소화기 및 호흡기 질환, 발열, 류머티즘 치료에도 사용되었다. 그뿐 아니라 장신구 재료나 카레 등의 요리에도 아가우드가 향신료로도 활용되었다. 현재 아킬라리아 종에는 21개 이상의 식물이 확인되었으며, 이들은 주로 인도 아삼 지역부터 중국 남부, 뉴기니 등지에 폭넓게 분포한다. 하지만 향기로운 나무에 대한 수요가 높아지면서 일부 종은 야생 개체수가 감소해 심각한 멸종 위기다.

아가우드 향을 담은 향수들

캄푸차 느와 Kampuchea Noir 【제르조프 Xerjoff】
우드 엑스트라바강 Oud Extravagant 【마트르 파퓨외 에 갱띠에 Maître Parfumeur et Gantier】
더 나이트 The Night 【프레데릭 말 Frédéric Malle】

유칼립투스 EUCALYPTUS

유칼립투스 종 *Eucalyptus species* — 도금양과

유칼립투스는 허브 향과 나무 향이 특징인데 어디에선가 이 향을 맡아보았을 것이다. 목욕용품, 비누, 구강청결제 등에 자주 쓰이지만, 향수에서 유칼립투스는 바다를 연상시키는 향과 신선한 향, 맑은 공기 향을 내는 용도로 자주 사용된다.

호주 원주민들은 유칼립투스 오일이 건강에 좋다고 여겨 오랜 세월 사용했다. 아로마테라피에서도 유칼립투스 오일은 기분을 좋게 해주고, 활기를 주며, 긴장을 완화한다고 알려져 있다.

유칼립투스 오일은 천연 성분으로 잎사귀에서 수증기 증류법을 이용해 추출한다. 순도 높은 유칼립투스 오일 향을 맡아본 적 있는 사람이라면 유칼립투스 향이 얼마나 강렬한지 알 것이다. 향이 워낙 강해서 다른 향을 모두 압도할 수 있기 때문에 조향 과정에서 적절한 균형점을 찾아야 하는데 이는 섬세함이 요구되는 까다로운 작업이다. 유칼립투스 오일을 상업적으로 생산하기 시작한 것은 18세기부터이며 지금은 세계 곳곳에서 생산하고 있다. 그래도 호주산 유칼립투스 오일을 단연 최고로 꼽는다.

다른 시트러스 계열 향과 마찬가지로 유칼립투스는 생기 넘치고 밝은 느낌을 주어 향수에서 주로 탑 노트로 사용되며 다른 향과 조합했을 때 상쾌하고 중성적인 분위기를 연출한다.

검트리gum tree라고도 하는 유칼립투스 종은 1768년~1771년 간 이루어진 영국 해군의 탐험선인 HMS 엔데버호Endeavour 항해에 동참했던 식물학자 조지프 뱅크스 경Sir Joseph Banks이 유럽에 들여왔다고 전해진다. 19세기 무렵에는 블루 검 트리로 불리는 종인 유칼립투스 글로블루스*Eucalyptus globulus* 목재가 배의 핵심 골조인 용골을 만드는 주요 재료로 사용되기도 했다. 유칼립투스의 향기로운 오일은 항균 작용을 하는 것으로도 유명하다. 오래전부터 유칼립투스 껍질 추출물로 상처 부위를 소독했으며, 이 나무 수지는 이질 치료제로도 사용되었다. 오늘날에는 이 오일이 코막힘을 완화하기 위한 아로마 흡입제로 자주 활용된다.

시실 *Sicile* 【플라 데 리스 Place des Lices】
스모 레슬러 *Sumo Wrestler* 【제이 센트 J-Scent】
로열 메이페어 *Royal Mayfair* 【크리드 Creed】

세쿼이아 SEQUOIA

세쿼이아 셈페르비렌스 *Sequoia sempervirens* — 측백나무과

향의 조합을 의미하는 어코드accords는 향수를 구성하는 기초 단위라고 할 수 있다.

조향사들은 향 원료 하나하나를 쌓아 올려 향을 만들기보다는 원료들을 묶어 하나의 향 단위를 만든 뒤 이 단위 그룹들을 배치해 향의 구조를 만든다. 때로는 천연 재료에서 원하는 향 재료를 얻을 수 없을 때 어코드로 대체해 향을 만들기도 한다.

측백나무 과에 속하는 세쿼이아는 키가 매우 큰 침엽수다. 향수에 사용되는 다른 나무들과 마찬가지로 세쿼이아의 심재에도 깊고 짙은 나무 향이 풍부하게 담겨 있다. 안타깝게도 잦은 산불과 가뭄, 인간의 나무 서식지 침범 등의 복합적 요인으로 세쿼이아는 멸종위기종으로 분류되었다. 세쿼이아 나무 향을 찾는 조향사들은 나무 심재에서 향 원료를 채취하는 대신 창의력을 발휘해 향을 재현해야 하는데 이 과정을 '상상 어코드'라고 부른다.

자연 재료가 지닌 향을 그대로 재현하는 어코드 과정은 매우 까다롭기도 하거니와 다분히 주관적 해석이 담긴 과정이다. 조향사의 감각과 주관으로 해석된 어코드는 무엇이 가장 정확한 재현인지에 대한 논의가 끊이지 않는다.

이런 어려움 때문에 세쿼이아가 향 재료로 거의 사용되지 않는다고 생각할 수도 있지만, 의외로 다양한 향수에서 사용되고 있다. 예를 들어 니치 향수 브랜드 더 퍼퓨머스 스토리 바이 아찌The Perfumer's Story by Azzi의 '세쿼이아 우드 Seauoia Wood'부터 비욘세Beyoncé가 출시한 대중적인 향수 '히트Heat'에 이르기까지 세쿼이아는 폭넓게 사용되고 있다.

측백나무 과에 속하는 세쿼이아는 캘리포니아 레드우드라고도 하며, 지금까지 알려진 나무 중 가장 키가 큰 종으로 큰 나무는 115미터 이상 자라기도 한다. 세쿼이아는 공중의 안개를 흡수해 수분을 보충하고 산불로부터 스스로 보호할 수 있도록 나무껍질이 두껍게 진화했다. 이 나무는 원래 캘리포니아의 좁은 산악 지대에서만 자생했지만, 지금은 다 자란 나무를 수용할 수 있을 정도로 큰 공원의 조경용 나무나 산림 조성을 목적으로 한 대규모 숲에 심는 용도로 도입되면서 서유럽 일부 지역에서도 많이 자라고 있다.

뿌르 옴므 에쿠스 *Pour Homme Equus* 【라리크 Lalique】
세쿼이아 우드 *Sequoia Wood* 【더 퍼퓨머스 스토리 바이 아찌 The Perfumer's Story by Azzi】
자이언트 세쿼이아 *Giant Sequoia* 【데메테르 프래그런스 Demeter Fragrance】

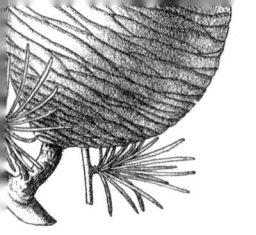

시더우드 CEDAR

시드루스 종 Cedrus species — 소나무과 Pinaceae

시더우드에 관한 최초의 기록은 기원전 1,800년 전으로 거슬러 올라간다. 어떤 이들은 인류가 처음으로 증류한 에센셜 오일이 시더우드라고도 한다.

오늘날에도 시더우드는 매우 가치 있는 원료이며 많은 조향사들이 시더우드의 조화성, 깊고 관능적인 향, 향 고정력을 높이 평가한다.

고대 이집트인들은 시더우드를 미라를 방부 처리하는데 사용했다고 한다. 로마인들은 시더우드의 라틴어 이름인 시드루스 Cedrus를 비유적으로 '불멸'을 의미하는 단어로 사용했다.

시더우드는 다양한 종이 있는데 그중에서도 향수에서 가장 높이 평가되는 품종은 아틀라스 시더우드 Atlas cedarwood(학명 Cedrus atlantica)다. 이 품종은 높은 고도 지역에서 재배하는데 다른 품종에 비해 오일 수확량이 많고, 오일 향도 부드럽고 세련된 향이다. 저장만 잘 하면 향도 더욱 깊고 풍성해진다.

시더우드 에센셜 오일은 수증기 증류법으로 추출한다. 이 오일은 그 자체로도 향수에서 중요한 역할을 하지만 샌달우드, 파촐리, 베티버 등의 향을 구현하기 위한 조합 재료로도 자주 사용된다.

시더우드는 전형적인 나무 향을 지니고 있지만 여기에 따스한 향과 수지 향도 함께 아우르고 있다. 시더우드 향은 나무로 된 연필깎이 냄새나 시가 상자 냄새와 비슷한 면도 있는데 실제 이들 제품에 시더우드를 사용하기도 한다.

시더우드로 분류되는 나무는 단 세 종뿐이다. 중동 지역이 원산지인 레바논 시더 Lebanon cedar (학명 Cedrus libani)와 모로코 아틀라스 산맥이 원산지인 아틀라스 시더 그리고 히말라야가 원산지인 히말라야 시더 Himalayan cedar(학명 C. deodara)가 전통 시더우드 품종이다. 하지만 현실에서는 측백나무 과에 속하는 향나무나 측백나무들을 시더우드라고 부르는 경우가 많으며 이들 나무에서 추출한 오일을 시더우드로 유통하기도 한다. 레바논 시더와 아틀라스 시더는 현재 야생에서 생태를 위협받고 있다. 그래서 연필향나무 Juniperus virginiana 같은 종에서 추출한 오일을 대체 향 재료로 사용하기도 한다.

시더우드 향을 담은 향수들

페미니떼 뒤 부아 Féminité du Bois 【세르주 뤼탕 Serge Lutens】
도쿄 Tokyo 【갤리번트 Gallivant】
쎄드로 아틀라스 Cèdre Atlas 【아틀리에 코롱 Atelier Cologne】

소나무 PINE

소나무 종 *Pinus species* — 소나무과

소나무에는 120종이 넘는 다양한 품종이 있으며
자동차 룸미러에 다는 방향제처럼 향 관련 제품으로도 많이 나와 있다.
아마도 일상에서 가장 흔하게 접하는 향이 소나무 향일 것이다.

많은 소나무 품종이 향수에 활용되는데 품종마다 분위기와 특징이 다르다. 구주소나무 *Pinus sylvestris* 와 시베리아 소나무 *P. sibirica* 가 우디한 향이 주요 특징이라면 스트로브잣나무 *P. strobus* 는 맑고 싱그러운 향이 특징이다. 품종마다 향과 분위기가 조금씩 다르지만 대부분 소나무 품종은 수지 노트를 지니고 있으며 조향사들에게는 이 수지 향이 매우 유용한 요소다. 소나무 수지는 맑고 방향성이 강한 나무 향을 지니고 있어서 다른 우디 노트들과 달리 소나무 향만의 독특한 매력을 풍긴다.

소나무 향 오일은 대체로 나무줄기와 가지에 상처를 내 수지를 채취한 후, 그 수지를 증류하는 방식으로 추출한다.

고대 이집트에서는 소나무 에센셜 오일을 미라 방부제로 사용했으며, 중세 시대에는 도시의 악취를 덮는 용도로 사용하기도 했다. 요즘은 가정용 방향제나 남성용 화장품에 많이 사용된다.

소나무는 성장이 빠르고 목재가 무른 편이어서 가공하기가 쉽다. 그래서 다양한 소나무 품종이 목재로 중요한 역할을 하고 있다. 일부 품종 수지에서는 테레빈유(물감이나 페인트 희석제로 주요 사용되는 물질−옮긴이)를 얻기도 하고 잣나무에서는 잣을 얻기도 한다. 소나무 에센셜 오일은 바늘처럼 뾰족한 소나무 잎에서 추출하는데 주로 향료, 조미료, 코막힘 증상을 완화하는 약 등으로 사용된다. 에센셜 오일은 주로 무고 소나무 *P. mugo* 와 구주 소나무에서 추출한다. 소나무 에센셜 오일의 주성분은 휘발성 모노테르페노이드 화합물이다.

집시 워터 *Gypsy Water* 【바이레도 Byredo】
휴고 맨 *Hugo Man* 【휴고 보스 Hugo Boss】
포레스트 렁스 *Forest Lungs* 【더 누 코 The Nue Co.】

구아이악(팔로산토) GUAIAC

플렉트로카르파 사르미엔토이 Plectrocarpa sarmientoi — 남가새과 Zygophyllaceae

향수에 사용된 구아이악 향이 구아야칸^{guayacan} 나무 향이라고 생각할 수도 있지만, 사실은 대부분 향 재료는 팔로산토^{Palo santo} 나무에서 추출한다.

구아이악 나무는 볼리비아, 브라질, 파라과이, 아르헨티나 등 라틴아메리카의 열대 지방에서 자라며 특히 파라과이에서 품질 좋은 나무를 많이 생산한다. 구아이악 나무 오일은 나무를 잘게 분쇄해 톱밥과 나무 조각을 수증기 증류법으로 추출한다.

향수에서 구아이악은 짙은 나무 향과 발삼 향을 내는데 그 향이 무척 농밀하다. 어떤 이들은 이 향을 꿀처럼 달콤하다고 하기도 하고 또 어떤 이들은 흙 내음이 짙어서 타르트에 가깝다고 말하기도 한다. 그런데 구아이악 나무 오일 향은 재료의 품질과 종류에 따라 크게 달라지기 때문에 타르나 연기, 가죽 등 거친 향부터 바닐라나 꿀처럼 부드럽고 진한 나무 향까지 향의 스펙트럼이 무척 넓다.

구아이악은 우드^{oud}만큼 흙냄새가 강하지는 않지만 샌달우드나 시더우드보다는 향이 훨씬 깊고 풍부하다.

구아이악은 그 자체로도 개성 강한 향이지만 고정력이 매우 뛰어나며, 바닐라나 시더우드 노트를 재현하는 향 원료로도 사용된다.

팔로산토라는 이름으로 더 많이 알려져 있으며 볼네시아 사르미엔토이^{Bulnesia sarmientoi}로도 불린다. 나무가 크게 자라고 부패에 강해 가구나 선박을 만드는 목재로 많이 사용된다.

또한 이 나무는 약재로 사용되기도 하고 해충 기피제로도 사용된다. 그러나 무분별한 벌목과 목재에 대한 과도한 수요로 인해 현재는 멸종위기종으로 분류된다. 따라서 국제 거래가 제한되며 벌목에도 엄격한 규제가 적용된다.

가이악 10 Gaiac 10 【르 라보 Le Labo】
인투 더 보이드 Into the Void 【줄리엣 해즈 어 건 Juliette Has a Gun】
디 아키텍츠 클럽 The Architects Club 【아르퀴스테 Arquiste】

자작나무 BIRCH

자작나무 종 Betula species — 자작나무과 Betulaceae

가죽 느낌의 향조 때문에 향수에서 자주 사용되는 자작나무, 정확히 말하자면 '자작나무 타르'는 향수에서 매우 중요한 원료다. 독특한 가죽 향과 동물적인 향, 나무 향 때문에 우디 계열이나 시프레 계열 향수에 자주 사용된다.

자작나무 타르는 자작나무 껍질에서 건류Dry Distillation 방식으로 추출한다. 건류란 고체를 가열해 액체나 기체로 전환하는 방식이다. 자작나무 향 오일은 재증류 과정인 정류rectification(이미 한 번 추출한 증류물을 다시 증류해 더 순도 높은 성분을 추출하는 정제 과정-옮긴이)를 통해 불순물을 제거하고 생산된다. 자작나무 타르 오일은 수백 년 동안 가죽을 무두질하는 데 사용되었다. 자작나무에서 나무 향과 가죽 향이 함께 느껴지는 것도 어찌 보면 당연한 일이다.

자작나무 향을 맡으면 마치 영국의 전통 깊은 고급 사교 클럽이 떠오른다. 나무를 덧댄 벽, 가죽 안락의자, 장작이 타고 있는 벽난로 같은 풍경 말이다.

짙은 가죽 향과 나무 향, 부드러운 연기 향을 지닌 자작나무 타르가 향수에 사용된 역사는 16세기까지 거슬러 올라간다.
자작나무는 주로 남성 향수에 사용되지만 샤넬에서 1924년 출시한 뀌르 드 뤼시Cuir de Russie처럼 가죽 향을 담은 여성 향수에도 사용된다.

북반구 온대 지역이 원산지인 자작나무는 용도가 무척 다양하다. 목재는 숯, 종이, 장난감 등을 만드는 데 사용되고 가지로는 빗자루를 만든다. 자작나무 잎 추출물은 전통 의학에서 요로 감염과 이뇨 작용을 위해 사용되었다. 자작나무 껍질 추출물이 항염 효과 및 상처 치유를 촉진한다는 연구 결과도 있다. 자작나무 목재와 껍질을 증류해 얻은 자작나무 타르 오일은 피부 질환을 완화하는 약재로도 사용되었다.

뀌르 드 뤼시 Cuir de Russie 【샤넬 Chanel】
아벤투스 Aventus 【크리드 Creed】
해빗 루즈 Habit Rouge 【겔랑 Guerlain】

기타
MISCELLANEOUS

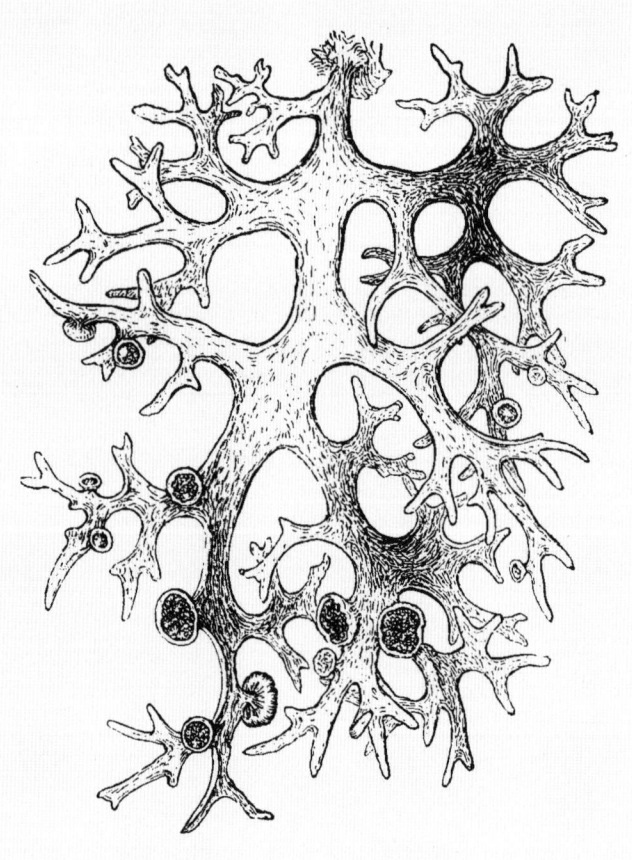

오크모스 OAKMOSS

진두발지의 *Evernia prunastri* — 매화나무지의과 *Parmeliaceae*

오크모스는 향수에서 대단히 중요한 재료다.
향에 따스하고 건조한 분위기를 더할 뿐 아니라
시프레 계열 향수에서도 핵심적인 역할을 한다.

오크모스 없는 시프레 향수는 생각도 할 수 없다. 본질적으로 시프레 향조가 오크모스와 파촐리 조합을 기반으로 하기 때문이다. 오늘날의 시프레 계열 향수는 모두 1917년 발표된 코티 ^{Coty} 사의 시프레 드 코티 $^{Chypre\ de\ Coty}$가 그 시작점이라고들 말한다. 하지만 시프레 향의 역사는 훨씬 더 오래되었다. 현대의 시프레 향과는 조금 다르지만 1917년 이전에도 시프레 향이 있었으며 이 향수들은 키프로스 섬에서 영감을 받아 만들어졌고, 이들 향수의 기원은 고대 로마까지 거슬러 올라간다.

향수의 세계에서 오크모스는 향이 오래 머물도록 도와주는 정착제로 분류된다. 오크모스에 함유된 일부 방향 성분이 알레르기를 유발할 수 있다는 가능성이 제기되면서 요즘은 오크모스 사용량이 줄었다. 그러나 다행히도 알레르기 유발 물질을 제거한 정제 오일이 개발되었다.

오크모스를 포함해 많은 향 원료들은 휘발성 용매 추출법으로 향 오일을 얻는다. 휘발성 용매 추출 과정을 보면 우선 자연 상태의 식물 원료를 에탄올이나 헥산, 벤젠 등의 용매에 담근 뒤 증발시켜 왁스 형태의 콘크리트를 얻는다. 그다음 콘크리트를 다시 알코올로 추출하면 최종적으로 오크모스 앱솔루트가 생긴다. 오크모스 100킬로그램에서 얻는 오일은 단 1킬로그램에 불과하다.

이름과 달리 오크모스는 이끼류가 아니라 지의류다. 지의류는 서로 다른 두 생물 종이 공생하는 복합 생물이다. 오크모스의 경우는 균류(곰팡이)와 조류(시아노박테리아)가 공생하는데 균류가 조류에게 서식처를 제공하고 조류는 광합성을 통해 영양분을 만들어 균류에 제공하며 상호 의존 관계를 형성한다.

오크모스 향을 담은 향수들

시프르 드 코티 *Chypre de Coty* 【코티 Coty】
팔로마 피카소 *Paloma Picasso* 【팔로마 피카소 Paloma Picasso】
알렉산드로 *Aleksandr* 【아르퀴스테 Arquiste】

색인

ㄱ

가이악 10 *Gaiac 10* 196
감마-노날락톤 *gamma-nonalactone* 106
감마-옥탈락톤 *gamma-octalactone* 105
건류 방식 *dry distillation* 197
겔랑 *Guerlain* 46, 93, 111, 121, 144
골드 우먼 *Gold Woman* 148
골든 시프레 *Golden Chypre* 161
구알티에리, 알레산드로 *Gualtieri, Alessandro* 125
구어망드 *gourmands* 94, 96, 106, 144, 145, 158, 178
구찌 러시 *Gucci Rush* 93
국제향료협회 *International Fragrance Association (IFRA)* 45
그단스크 *Gdánsk* 149
그라스 *Grasse* 49, 60, 67, 72, 78
까롱 *Caron* 26, 38, 46, 93, 129
꼼 데 가르송 2 *Comme des Garçons 2* 117
꼼 데 가르송 3 *Comme des Garçons 3* 161
뀌르 드 뤼시 *Cuir de Russie* 197

ㄴ

나르시소 *Narciso* 79
나소마토 *Nasomatto* 125
나이트 *Night* 175
나폴리 *Naples* 174
냉압착 *cold expression* 14, 22
네롤리 블랑 *Neroli Blanc* 75
네롤리 비가라드 *"neroli bigarade"* 75
네롤리 포르토피노 *Neroli Portofino* 75
넥타 *Nectar* 87

ㄷ

노트 드 유즈 *Note de Yuzu* 21
녹스-리트, 데스먼드 *Knox-Leet, Desmond* 170
닌페오 미오 *Ninfeo Mio* 127

ㄷ

다마스크 장미 *damask rose* 60, 63
다투라 블랑쉬 *Datura Blanche* 80
단일 꽃 향 *"soliflore" fragrance* 49, 76
더 나이트 *The Night* 187
더 리벤쥐 오브 레이디 블랑쉬 *The Revenge of Lady Blanche* 50
더 식스스 *The Sixth* 166
더티 *Dirty* 121
더티 코코넛 *Dirty Coconut* 106
데자르망 *Désarmant* 46
데지르톡식 *DesirToxic* 138
델리나 *Delina* 90, 98
델리스 *Delice* 159
도쿄 *Tokyo* 192
디 아키텍츠 클럽 *The Architects Club* 196
디에스 앤 더가 *D.S. & Durga* 130
디오리시모 *Diorissimo* 76, 84
딜리셔스 루바브 앤 로즈 *Delicious Rhubarb & Rose* 90

ㄹ

라 두세르 드 시암 *Douceur de Siam, La* 30
라 비 앙 플뢰르 *La Vie en Fleurs* 45
라반딘 *Lavandin* 134
라스트르 *Astre, L'* 166
라임, 바질 앤 만다린 *Lime, Basil & Mandarin* 122
락토닉 *"lactonic"* 105

락톤 *lactone* 93, 125
랍다넘 *Labdanum* 152
러브 *Love* 112
러브 오스만투스 *Love Osmanthus* 53
러브 인 블랙 *Love in Black* 54
러브, 돈비샤이 *Love, don't be shy* 178
런던 1969 *London 1969* 112
레르 뒤 데제르 마로캉 *L'Air du Désert Marocain* 130
레르 뒤 땅 *L'Air du Temps* 29
레몬그라스 *lemongrass* 112
레플리카 언더 더 레몬 트리 *Replica Under the Lemon Trees* 14
레플리카 재즈 클럽 *Replica Jazz Club* 149
로 디세이 미야케 *L'Eau d'Issey Miyake* 140
로드리고 플로레스 루 *Flores-Roux, Rodrigo* 30
로스트 체리 *Lost Cherry* 96
로스트인플라워즈 *Lostinflowers* 30
로열 메이페어 *Royal Mayfair* 188
로열 하와이안 퍼퓸스 *Royal Hawaiian Perfumes* 37
로즈 드 메 *Rose de Mai* 67
로즈 드 타이프 *Rose de Taif* 66
로즈 로드 *Rose Load* 65
로즈 앱솔루트 *absolute of roses* 63
로즈 오일 *"otto" of roses* 63
로즈 카다멈 *Rose Cardamome* 170
로즈 파 에쌍스 *Rose Par Excellence* 65
로즈 퍼펙션 *Rose Perfection* 64
로트르 *L'Autre* 170
롬브르 단 로 *L'Ombre dans l'Eau* 91
루보픽스 *Rhubofix*® 90
루빈 *Lubin* 27
리날룰 *linalool* 41, 75, 84, 122, 130
리모넨 *limonene* 13, 75

리베르테 보햄 Liberté Bohème 127
리투알레 Rituale 50
린노마블 L'Innommable 175
릴리 오브 더 밸리 Lily of the Valley 76

마르베야 Marbella 168
마르퀴스 프랑지파니 Frangipani, Marquis 83
만다리노 디 시칠리아 Mandarino di Sicilia 22
머스크 아우드 Musk Aoud 157
멍뜨 프레슈 Menthe Fraîche 121
메디테라네오 Mediterraneo 107
메이저 미 Major Me 96
메종 마르지엘라 Maison Margiela 147, 149
모노테르페노이드 monoterpenoids 107, 147, 152, 170, 173, 195
모데스트 미모사 Modest Mimosa 49
몰리큘 01+ 진저 Molecule 01+ Ginger 174
몽 파리 Mon Paris 80
뮈스크 에 프레지아 Musc et Freesia 41
미스 디올 Miss Dior 63
미스핏 Misfit 118, 157
미젠시르 Mizensir 174
미츠코 Mitsouko 93
믹스드 이모션스 Mixed Emotions 91

바나글로리아 Vanagloria 151
바노리 Vanori 83
바닐 앙 플뢰르 Vanille en Fleur 178
바닐이 Vanilj 173
바이 앳 아르미 Vi et Armis 23
바이올렛 큐 Violette Kew 54
바치아미 Baciami 79
베르가모또 Bergamotto 17

베르가못 인센스 Bergamot Incense 151
베르메이 Vermeil 169
베리 굿 걸 Very Good Girl 98
베이 로즈 "baies rose" 168
베타-베티본 beta-vetivone 111
베트로설 Betrothal 67
베티버 Vétiver 111
베티버 몰로코 Vetiver Moloko 183
벤즈알데히드 benzaldehyde 96
벤질 아세테이트 benzyl acetate 71, 84
벨피오레 Belfiore 94
병리적 삼출 pathological exudation 149
보스 Boss 102
보칼리즈 Vocalise 91
보헤미안 압생트 Bohemian Absinthe 125
보헴 Bohème 45, 121
부토니에르 No. 7 Boutonnière No. 7 79
부하라 Bukhara 170
비 딜리셔스 Be Delicious 102
비가라드 "Bigarade" 18
비리데 Viride 165
비잔틴 앰버 Byzantine Amber 152
빌라 파르네세 Villa Farnese 26
뽐 아모리스 Pomme Amoris 102
뿌르 언 옴므 드 까롱 Pour un Homme de Caron 134
뿌르 옴므 에쿠스 Pour Homme Equus 191
쁘띠 마탱 Petit Matin 107
쁘아종 Poison 144

ㅅ
사쿠라 Sakura 35
사토리 Satori 177
산드리아 Xandria 159
삼사라 Samsara 185
상탈 33 Santal 33 185

샌달우드 사크레 Sandalwood Sacré 185
생강 ginger 174
샤넬 Chanel 67, 147, 157, 197
샤넬 No. 5 Chanel No. 5 63, 67, 84
샤넬 No. 19 Chanel No. 19 147
샤프론 로즈 Saffron Rose 162
샬리마 Shalimar 63, 144
세스퀴터페노이드 sesquiterpenoids 111, 118, 140
세스퀴터펜 sesquiterpenes 126
세스퀴터펜 락톤 sesquiterpene lactones 125, 126
세쿼이아 나무 Sequoia Wood 191
세크레 다투라 Sécrete Datura 80
셈 엘 네심 Shem-el-Nessim 34
소닉 플라워 Sonic Flower 169
솔라 블러섬 Solar Blossom 75
솔로몬 왕 King Solomon 144
수선화 Narcissus 50
수증기 증류법(색깔 있는 꽃들) steam distillation(of coloured flowers) 22, 34, 42
수지 resins 144, 145, 149, 152
슈거 리치 Sugar Lychee 98
슈바르츠로즈 J.F. Schwarzlose 27
스모 레슬러 Sumo Wrestler 188
스위밍 풀 Swimming Pool 122
스칼렛 포피 인텐스 Scarlet Poppy Intense 33
스타이락스 Styrax 149
스테몬 Stemone™ 105
스톡홀름 1978 Stockholm 1978 133
시더 인 아카시아 Cedar in Acacia 151
시더우드 압생트 Cedarwood Absinth 125
시드니 록 풀 Sydney Rock Pool 83, 106
시메트리 Symmetry 140
시슬리 Sisley 127
시실 Sicile 188
시트럴 citral 107, 112
시트로넬롤 citronellol 63

시프르 드 코티 *Chypre de Coty* 201
실반 송 *Sylvan Song* 158
쎄드르 아틀라스 *Cèdre Atlas* 192
쏘 스캔들! *So Scandal!* 97
씨호스 *Seahorse* 166

ㅇ

아닉 구딸 *Annick Goutal* 127
아란치아 디 카프리 *Arancia de Capri* 18
아마릴리스 *Amaryllis* 27
아멜리아 *Amelia* 53
아미리스 옴므 *Amyris Homme* 183
아미리스 팜므 *Amyris Femme* 183
아벤투스 *Aventus* 168, 197
아부다비 *Abu Dhabi* 184
아세토페논 *acetophenone* 96
아쇼카 *Ashoka* 105
아우구스트 포겔 *August Vogel* 158
아이 씨 더 클라우즈 고 바이 *I See the Clouds Go By* 35
아이레 *Aire* 76
아이론 *irones* 34
아이리스 월페이퍼 *Iris Wallpaper* 34
아이오논 *ionone* 54, 97
아쿠아 유니베르살리스 *Aqua Universalis* 38
아쿠아 콜로니아 멜리사 앤 버베나 *Acqua Colonia Melissa & Verbena* 136
아프레 롱데 *Après L'Ondée* 26
안젤라 플렌더스 *Flanders, Angela* 136
알데하이드 C14 *aldehyde C14* 93
알데하이드 C18 *aldehyde C18* 106
알렉산드르 *Aleksandr* 201
알베도 *Albédo* 37
알파-베티본 *alpha-vetivone* 111
압생트 *Absinth* 125
압솔뤼 푸르 르 수아르 *Absolue Pour Le Soir* 175
앙브르 미티크 *Ambre Mythique* 148
앙브르 티베 *Ambre Tibet* 126
앙크르 누아르 *Encre Noire* 184
앙플뢰라주 *enfleurage* 45, 53, 78
애스터 코롱 *Astor Cologne* 170
애프리콧 프리베 *Apricot Privée* 94
앤디 타우어 *Andy Tauer* 130
앰버 아우드 *Amber Aoud* 162
앰브록사이드 *Ambroxide* 137
앰브록산 *Ambroxan*™ 137, 168
앱솔루트 *absolutes* 129
어코드 *accords* 191
언타이틀드 *untitled* 147
엉 자르댕 쉬르 르 닐 *Un Jardin Sur le Nil* 127
에고이스트 *Égoïste* 157
에르메스 *Hermès* 127
에스프리 뒤 루아 *Esprit du Roi* 127
에일리시 No. 2 *Eilish No. 2* 33
에일리언 *Alien* 71
에테르니타스 *Aeternitas* 96
에트로그 아쿠아 *Etrog Acqua, L'* 14, 22
엘라 *Ella* 65
오 다드리앙 *Eau d'Hadrian* 17
오 드 깡빠뉴 *Eau de Campagne* 127
오 드 델리스 *Eau de Délices* 18
오 드 바질리 뿌프르 *Eau de Basilic Pourpre* 122
오 드 유즈 *Eau de Yuzu* 21
오 드 진젬브르 *Eau de Gingembre* 174
오 드 코롱 1709 *1709 Eau de Cologne* 18
오 드 코롱 임페리얼 *Eau de Cologne Impériale* 121
오랑쥬 상긴느 *Orange Sanguine* 18
오렌지 크러쉬 *Orange Crush* 17
오르몽드 제인 *Ormonde Jayne* 30
오리스 버터 *orris butter* 34
오스망트 리우 위안 *Osmanthe Liu Yuan* 53, 93
오예도 *Oyédo* 141
오텀 리듬 *Autumn Rhythm* 157
오프레지아 *Ofrésia* 41
오피움 *Opium* 144, 148
온데르 드 린데 *Onder de Linde* 101
올레오 검 수지 *oleo-gum-resin* 148, 151
와일드 라벤더 *Wild Lavender* 134
용매 추출법(색깔 있는 꽃들) *solvent extraction(of coloured flowers)* 45, 46
용연향 *Ambergris* 137
우드 엑스트라바강 *Oud Extravagant* 187
우드 포 그레이트니스 *Oud for Greatness* 161
원더랜드 피오니 *Wonderland Peony* 57
위키드 와히네 *Wicked Wahine* 37
윈 뉘 마그네티끄 *Une Nuit Magnétique* 145
윈 플레르 드 까시 *Fleur de Cassie, Une* 26
윈느 바닐 *Une Vanille* 158
유제놀 *eugenol* 177
유제니 황후 *Empress Eugénie* 121
유쥬 망 *Yuzu Man* 21
이란 혁명 *Iranian Revolution* 147
이리스 뿌드르 *Iris Poudre* 34
이브 생 로랑 *Yves Saint Laurent* 33, 144, 148
이세이 미야케 *Issey Miyake* 140
이스탄불 *Istanbul* 144
인디고 스모크 *Indigo Smoke* 169
인베이젼 바바르 *Invasion Barbare* 141
인솔런스 *Insolence* 54
인투 더 보이드 *Into the Void* 196
일랑 인 골드 *Ylang in Gold* 84
일랑일랑 엑스트라 *"ylang-ylang extra"* 84
일렉트릭 루바브 *Electric Rhubarb* 90
일본 유자 *"Japanese citron"* 21
임페리얼 워터 *Imperial Water* 121
잉글리시 펀 *English Fern* 42
잉글리시 페어 앤 스위트 피 *English Pear & Sweet Pea* 38

ㅈ

자도르 *J'Adore* 71
자스망 데 장주 *Jasmin Des Anges* 72
자이언트 세쿼이아
Giant Sequoia 191
장미수 *rosewater* 60, 63
재스민 *Jasmin* 50
재스민 삼박 앤 메리골드 인텐스
Jasmine Sambac & Marigold Intense 71
잭 *Jack* 138
쟈스맹 에 시가렛
Jasmin et Cigarette 129
정류 *rectification* 197
제라니올 *geraniol* 42, 63, 84
조반니 마리아 파리나
Farina, Giovanni Maria 17
조이 *Joy* 64
조향사의 작업실
perfumer's organ 21
주니퍼 슬링 *Juniper Sling* 165
쥬르 저흐 *Jours Heureux* 29
지미 추 *Jimmy Choo* 101
지방시 뿌르 옴므
Givenchy Pour Homme 126
지보단 *Givaudan* 105
지키 *Jicky* 134, 178
집시 워터 *Gypsy Water* 165, 195

ㅊ

차이 *Chai* 177
챔파카 *Champaca* 30
체리 블로섬
Cherry Blossom [Floris] 35
체이싱 더 드래곤
Chasing the Dragon 33
초콜릿 코스모스 *chocolate cosmos* 37
침묵의 꽃 *mute flower* 57, 76, 87

ㅋ

카날 플라워 *Carnal Flower* 78
카네이션 혁명
Carnation Revolution 29

카르뱅 *Carven* 111
카르본 *carvone* 170
카우보이 그라스 *Cowboy Grass* 141
카프리폴리오 *Caprifoglio* 87
칼라브리아 *Calabria* 17
캄푸차 느와 *Kampucha Noir* 187
캘리포니아 포피 *California Poppy* 33
케톤 *ketones* 63, 97
코리앤더 *Coriander* 107, 130
코코넛 선 *Coconut Sun* 106
코티 *Coty* 201
콘크리트 *concrete* 26, 201
쿠르지안, 프랑시스
Kurkdjian, Francis 183
쿠마린 *coumarin* 158
쿠시몰 *khusimol* 111
쿠엔토스 데 라 셀바
Cuentos de la Selva 136
쿨 워터 리본 *Cool Water Reborn* 133
퀸 앤 코스모스 플라워
Queen Anne Cosmos Flower 37
퀸 오브 헝가리 워터
Queen of Hungary Water 14
크레이지 아워스 *Crazy Hours* 111
크레이지 아워스 6
Crazy Hours 6 152, 174
클라이브 크리스챤
Clive Christian 33, 37
클럽 도쿄 *Club Tokyo* 87
클레오파트라 *Cleopatra* 162, 173

ㅌ

타박 블롱드 *Tabac Blond* 129
타이거 바이 허 사이드
Tiger by her Side 159
타이프 아우드 *Taif Aoud* 66
타클라마칸 *Taklamakan* 145
토마토 잎 *tomato leaves* 127
토바코 만다린 *Tobacco Mandarin* 22
토탈리 화이트 *Totally White* 46
톨라 *"tolah"* 66
톰포드 *Tom Ford* 30, 140

톰포드 포 맨 *Tom Ford for Men* 140
통카 25 *Tonka 25* 158
튜베로즈 트리아농
Tubéreuse Trianon 78
트레저 *Trésor* 94
트레프풍크 8 우어
Treffpunkt 8 Uhr 27
트로피카 *Tropica* 105
트윌리 데르메스 오 프와브레
Twilly d'Hermès Eau Poivrée 168
틴드러 *Tindrer* 45

ㅍ

파노라마 *Panorama* 147
파르네솔 *farnesol* 26
파르네시아나 *Farnesiana* 26, 49
파이퍼 니그럼 *Piper Nigrum* 177
파촐리 *patchouli* 118
파촐리 1969 *Patchouli 1969* 118
파촐리 앙땅스 *Patchouli Intense* 118
파피루스 몰레큘레르
Papyrus Moléculaire 183
판타지 플로럴 노트
"fantasy" floral note 35
판테온 엠 엑스트레
Pantheon M Extrait 66
팔로마 피카소 *Paloma Picasso* 201
팔콘 레더 *Falcon Leather* 145
팬지 *Pansy* 133
퍼메니쉬 *Firmenich* 90
퍼퓸 드 말리 *Perfumes de Marly* 98
퍼플 피그 *Purple Fig* 117
페닐에탄올 *phenylethanol* 63
페르베르소 *Perverso* 129
페미니떼 뒤 부아
Féminité de Bois 192
페어 아이엔씨 *Pear Inc.* 101
펜할리곤스 *Penhaligon's* 165
포레스트 렁스 *Forest Lungs* 195
포제션 *Possession* 27
푸아 드 상퇴르 *Pois de Senteur* 38
푸제르 로얄 *Fougère Royale* 42

풀 나나 Phul-Nana 42
퓌르 엑스트렘 Pure Extrême 72
프라카 Fracas 78
프란시스 프로코피우스 Procopius, Francis 17
프람비온 frambione 97
프랑지파니 Frangipani 83
프레쉐르 뮈스키심 Fraîcheur Muskissime 97
프렌치 러버 French Lover 117
프리지아 Fresia 41
플라멩코 Flamenco 97
플로리스 Floris 27
플뢰르 드 로카이유 Fleur de Rocaille 46
피그 Fig 105
피넨 pinene 75, 84, 147
피에로 Fiero 112
피오니아 노빌레 Peonia Nobile 57

4711 4711 18
4pm 마티네 4pm Matinée 42
No. 2 그라운드 No. 2 Ground 130
No. 3 레지나 디 피오니에 No. 3 Regina di Peonie 57
No. 3 스윔 No. 3 Swim 147

ㅎ

해로즈 아우드 Harrods Aoud 140
해빗 루즈 Habit Rouge 197
향수 perfume 187
헝가리 워터 Hungary Water 14, 133, 136
헤드스페이스 Headspace 87, 149
헤르바 프레스카 Herba Fresca 121
헤이즈 Haze 137
헥실 아세테이트 hexyl acetate 101
헬리오트로핀 heliotropin 45
휘발성 용매 volatile solvents 49, 78, 79, 201
휴고 맨 Hugo Man 195
히트 Heat by Beyoncé 191

기타

004 004 22
106 106 126
1872 매스큘린 1872 Masculine 137

자료 출처

다음의 이미지를 제외한 모든 이미지는 영국왕립식물원, 큐 *Royal Botanic Gardens, Kew* 소장 자료임.

앨러미 Alamy:
영국의 이미지 에이전시
https://www.alamy.com

Album: p119
Art World: p61
Buccaneer: p133
Gado Images: p84
Gameover: p91, p129
Patrick Guenette: p98, p114, p118, p121, p122, p125, p144, p168
Bildagentur-online이 소장한 역사 자료 이미지: p69
Marina Gorskaya: p188
Natural History Museum: p113
Penta Springs Limited: p93, p94
Well/BOT: p29
Quagga Media: p38, p57, p36, p13

게티 이미지스 Getty Images:
미국의 사진, 영상, 이미지 에이전시
https://www.gettyimages.com

Ilbusca: p27, p127, p142–143, p148, p158, p181, p192
Milkroman6: p154–155, p173
Thepalmer: p134
Universal Images Group: p200

어도비 스톡 Stock.adobe.com:
어도비 사에서 운영하는 이미지 플랫폼
https://stock.adobe.com

Acrogame: p68–69, p76
Basicmoments: p182–183, p197
Doublebubble_rus: p4, p41
Foxyliam: p4, p198–199, p201
Good Studio: p8–9, p19
J_ka: p78
Kseniia: p4, p141
Morphart: p5, p18, p24–25, p54, p80
Natspace: p71
Hein Nouwens: p105, p196
Sabelskaya: p4–5, p106, p108–109, p112
Sad: p20
STV: p185
Unorobus: p12
Zdenek Sasek: p45

웰컴 컬렉션 Wellcome Collection:
영국 런던에 있는 국립박물관 겸 도서관
https://wellcomecollection.org

p79, p87

옮긴이 : 박여진(영한번역가, 에세이작가)

번역가 겸 에세이 작가이다. 저서로는 〈토닥토닥, 숲길〉, 〈슬슬 거닐다〉, 〈푸른 소나무의 땅 이야기〉가 있고 역서로는 〈내가 알고 있는 걸 당신도 알게 된다면〉, 〈미래로의 여행〉, 〈알바는 100살〉, 〈위대한 모험가들〉 외 60여 권이 있다. 작가 작업실 '빌더'를 운영하고 있다.

Text copyright © 2024 Josh Carter and Samuel Gearing

Text below the rule on botanicals pages and on pages 12–13 copyright © 2024
The Board of Trustees of the Royal Botanic Gardens, Kew

The Royal Botanic Gardens, Kew logo and Kew images © The Board of Trustees of the Royal Botanic Gardens, Kew (Kew logo TM the Royal Botanic Gardens, Kew)

First published in 2024 by Welbeck
An imprint of HEADLINE PUBLISHING GROUP

이 책은 저작권자와의 독점계약으로 애플트리태일즈에서 출간되었습니다.
저작권법에 의해 한국 내에서 보호를 받는 저작물이므로 무단전재와 복제를 금합니다.

프레그런스, 자연의 향기

처음 펴낸날 2025년 8월 20일 | **지은이** 조시 카터 & 사무엘 기어링 | **옮긴이** 박여진
펴낸이 김옥희 | **펴낸곳** 애플트리태일즈(아주좋은날) | **출판등록** (제16-3393호)
주소 서울시 강남구 테헤란로 201(아주빌딩), 501호 (우)06141 | **전화** (02)557-2031
팩스 (02)557-2032 | **홈페이지** www.appletreetales.com | **블로그** http://blog.naver.com/appletales
페이스북 https://www.facebook.com/appletales | **트위터** https://twitter.com/appletales1
인스타그램 @appletreetales, @애플트리태일즈
가격 22,500원 | **ISBN** 979-11-92058-58-0 (13590)